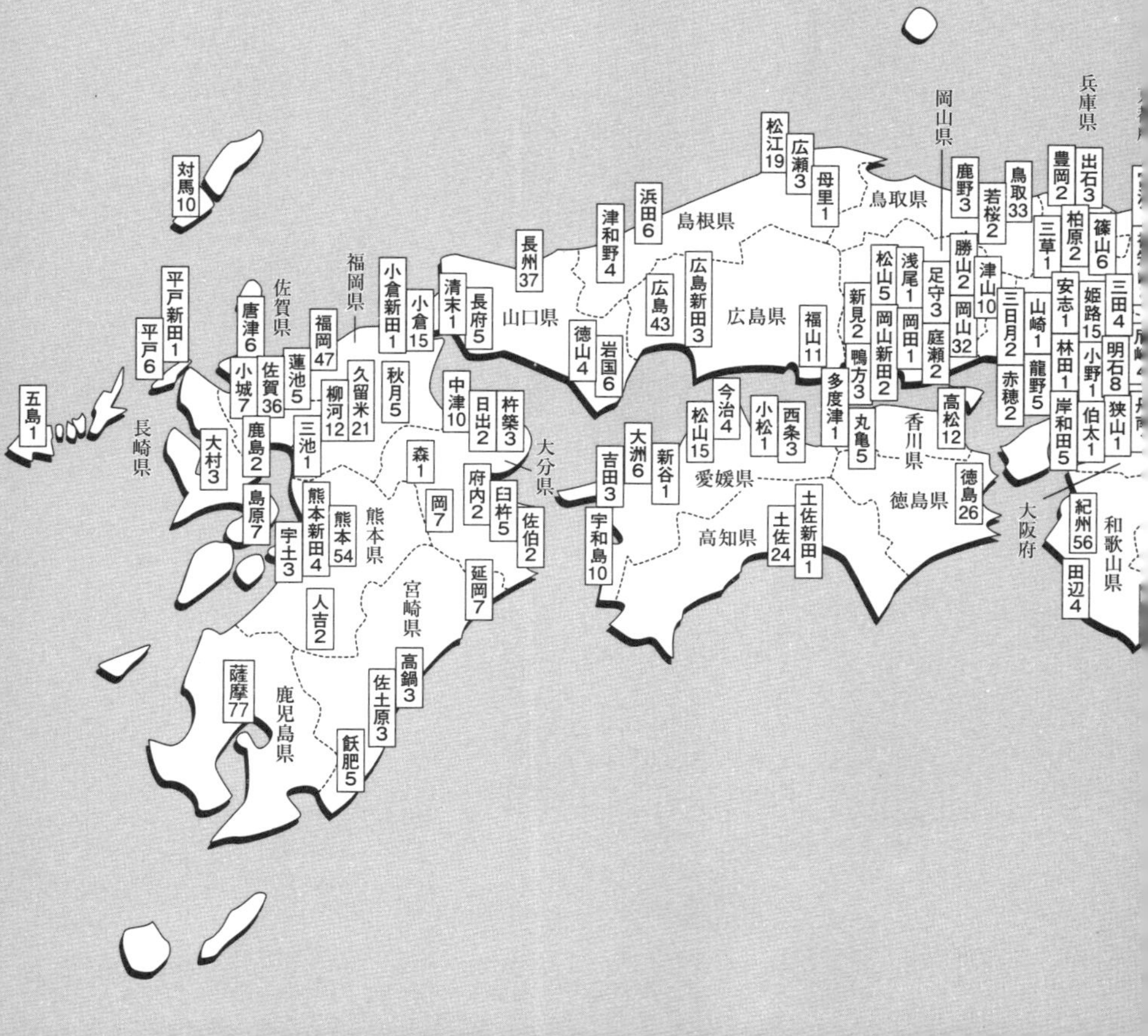

対馬 10
平戸新田 1
平戸 6
五島 1
長崎県
佐賀県
唐津 6
小城 7
佐賀 36
蓮池 5
福岡 47
福岡県
柳河 12
久留米 21
三池 1
大村 3
鹿島 2
島原 7
宇土 3
熊本新田 4
熊本 54
熊本県
人吉 2
薩摩 77
鹿児島県
宮崎県
高鍋 3
佐土原 3
飫肥 5
延岡 7
佐伯 2
臼杵 5
府内 2
岡 7
森 1
大分県
日出 2
杵築 3
中津 10
秋月 5
小倉新田 1
小倉 15
清末 1
長府 5
山口県
長州 37
徳山 4
岩国 6
津和野 4
浜田 6
島根県
松江 19
広瀬 3
母里 1
広島 43
広島新田 3
広島県
福山 11
鳥取県
鹿野 3
若桜 2
鳥取 33
岡山県
勝山 2
津山 10
松山 5
浅尾 1
足守 3
新見 2
岡山新田 2
岡田 1
岡山 32
庭瀬 2
鴨方 3
多度津 1
丸亀 5
香川県
高松 12
徳島 26
徳島県
今治 4
松山 15
小松 1
西条 3
大洲 6
新谷 1
吉田 3
宇和島 10
愛媛県
高知県
土佐 24
土佐新田 1
兵庫県
豊岡 2
出石 3
柏原 2
篠山 6
三草 1
三日月 2
山崎 1
安志 1
姫路 15
三田 4
林田 1
小野 1
明石 8
赤穂 2
龍野 5
岸和田 5
伯太 1
狭山 1
大阪府
紀州 56
田辺 4
和歌山県

シリーズ藩物語

宅間一之……著

土佐藩

現代書館

プロローグ

藩史の概要

関ヶ原の戦いで西軍に与した長宗我部氏は徳川家康から領国を没収され、新領主山内一豊《やまうちかつとよ》が入国したが、長宗我部《ちょうそかべ》軍の主力であった一領具足の抵抗や、年貢納入をめぐる滝山一揆のように、支配は必ずしも順調ではなかった。一豊は重臣を領内の拠点に配し治安の維持や支配力強化を図った。大高坂山に新城も築き城下の郭中に武士を集め、町人・下士の町を東西に整備し城下町の体裁を整えた。

しかし幕府からの度重なる軍役や課役は藩の財政を圧迫し、上方からの借金は増加した。寛永八年（一六三一）奉行職に就任した野中兼山は多方面にわたる改革や事業を展開しこの状態からの脱却をめざした。しかしあまりにも急進的な改革や、厳しい労役は人心の離反を招き、失脚し直後に急逝する。しかし彼の治績はその後の藩政の基盤となり藩政は充実した。

時は過ぎても相変わらず藩財政は深刻であった。当時山間部で活況を呈していた製紙業の専売制を強化したため、農民たちの不満は大きく一揆の形で反抗は頻発した。

藩という公国

江戸時代、日本には千に近い独立公国があった

江戸時代。徳川将軍家の下に、全国に三百諸侯《しょこう》★の大名家があった。ほかに寺領や社領、知行所《ちぎょうしょ》★をもつ旗本領《はたもとりょう》などを加えると数え切れないほどの独立公国があった。そのうち諸侯を何々家《け》家中《かちゅう》と称していた。家中は主君を中心に家臣が忠誠を誓い、強い連帯感で結びついていた。家臣の下には足軽《あしがる》層《そう》★がおり、全体の軍事力の維持と領民の統制をしていたのである。その家中を藩と後世の史家は呼んだ。

江戸時代に何々藩と公称することはまれで、明治以降の使用が多い。それは近代からみた江戸時代の大名の領域や支配機構を総称する歴史用語として使われた。その独立公国たる藩にはそれぞれ個性的な藩風《はんぷう》と自立した政治・経済・文化があった。幕藩体制とは歴史学者伊東多三郎《いとうたさぶろう》★氏の視点だが、まさに将軍家の諸侯の統制と各藩の地方分権が巧く組み合わされていた、連邦でもない奇妙な封建的国家体制であった。

今日に生き続ける藩意識

明治維新から百四十年以上経っているのに、今近世南学の祖は谷時中《たにじちゅう》で、その門下に野中兼山《のなかけんざん》・小倉三省《おぐらさんせい》・山《やま》崎闇斎《ざきあんさい》らがいた。兼山はこの学問を基盤に藩政を主導した。兼山失脚後は多くの学者が土佐を去るが、谷秦山が再興し子の垣守《かきもり》や孫の真潮《ましお》に継承され、藩校教授館でも教えた。この南学や国学は郷士や庄屋層にも広まり、尊王思想高揚の下地ともなった。

山内容堂は吉田東洋を起用した。東洋は後藤象二郎や福岡孝弟《ふくおかたかちか》ら有能な人材を抜擢し、海防や教育に西洋技術を導入し藩政の改革を進めた。この頃、武市瑞山（半平太）を中心に下士たちによる土佐勤王党が結成され挙藩勤王をめざしていた。公武合体・開国を前提とする東洋とは一致することなく東洋は暗殺される。勤王党もまた容堂の弾圧を受け多くの者が捕縛され、瑞山も自刃した。脱藩した坂本龍馬や中岡慎太郎らは国事に奔走し大政奉還を実現する。

江戸幕府は廃絶したが、鳥羽伏見の戦いには土佐藩兵も参戦した。乾退助《いぬいたいすけ》は迅衝隊の大隊司令として兵を率い、京都では東山道先鋒総督府参謀として東北に進軍し、会津藩や庄内藩も降伏させた。

江戸は東京となり、明治と改元され版籍は奉還された。明治四年（一八七一）七月廃藩置県が断行され土佐藩は廃されて高知県が誕生する。

でも日本人に藩意識があるのはなぜだろうか。明治四年（一八七一）七月、明治新政府は廃藩置県《はいはんちけん》を★断行した。県を置いて、支配機構を変革し、今までの藩意識を改めようとしたのである。ところが、今でも、「あの人は薩摩藩の出身だ」とか、「我らは会津藩の出身だ」と言う。それは侍出身だけでなく、藩領出身も指しており、藩意識が県民意識をうわまわっているところさえある。むしろ、今でも藩対抗の意識が地方の歴史文化を動かしている。そう考えると、江戸時代に育まれた藩民意識が現代人にどのような影響を与え続けているのかを考える必要があるだろう。それは地方に住む人々の運命共同体としての藩の理性が今でも生きている証拠ではないかと思う。

藩の理性は、藩風とか、藩是《はんぜ》とか、ひいては藩主の家風ともいうべき家訓などで表されていた。

〔稲川明雄（本シリーズ『長岡藩』筆者）〕

諸侯▼江戸時代の大名。
知行所▼江戸時代の旗本が知行として与えられた土地。
足軽層▼足軽・中間・小者など。
伊東多三郎▼近世藩政史研究家。東京大学史料編纂所所長を務めた。
廃藩置県▼藩体制を解体する明治政府の政治改革。廃藩により全国は三府三〇二県となった。同年末には統廃合により三府七二県となった。

シリーズ藩物語

土佐藩

目次

第三章　野中兼山とその時代　79

野中兼山、それは近世土佐の生んだ最大の政治家であった。

第六章　幕末土佐と坂本龍馬

風雲急をつげる幕末の土佐、坂本龍馬活動の舞台である。

これも土佐

第一章　長宗我部氏の時代

土佐の戦国時代を彩った傑将長宗我部元親。ここから土佐の近世は始まる。

1

長宗我部元親

「姫若子」の初陣は長浜戸《と》の本《もと》の戦い、二十二歳であった。たちまち「土佐の出来人」と信望を集め、土佐、四国、そして天下を心に懸けていく戦国の世、激戦の続く中にも岡豊文化の華は咲き、いまも息づく。

姫若子の初陣

本山氏は朝倉城《あさくらじょう》を拠点に、吾南《ごなん》から東は浦戸城《うらとじょう》まで勢力を拡大し土佐の中央部を制覇していた。一方東から長宗我部《ちょうそかべ》氏は、岡豊城《おこうじょう》から大津天竺城《おおつてんじくじょう》、稲生蛸《いなぶたこ》の森城《もりじょう》、十市栗山城《とおちくりやまじょう》から池城《いけじょう》と海岸よりに種崎《たねざき》までその勢力をのばしていた。両者の対決も間近の様相となっていた。

『土佐物語』によると永禄三年（一五六〇）、岡豊より兵糧をつんだ船一艘が種崎の城に向かった。途中本山茂辰《もとやましげとき》の領分である潮江《うしおえ》より船二艘がこぎ出し、孕の沖合で岡豊方の水主《かこ》を切り捨て兵糧米を奪った。ここに両者の対決が開始された。長宗我部国親《くにちか》はただちに本山氏の領分である長浜城《ながはまじょう》への攻撃を開始した。長浜城主は大窪美作《おおくぼみまさか》であった。国親はもと家臣であり、わけあっていま長浜城主

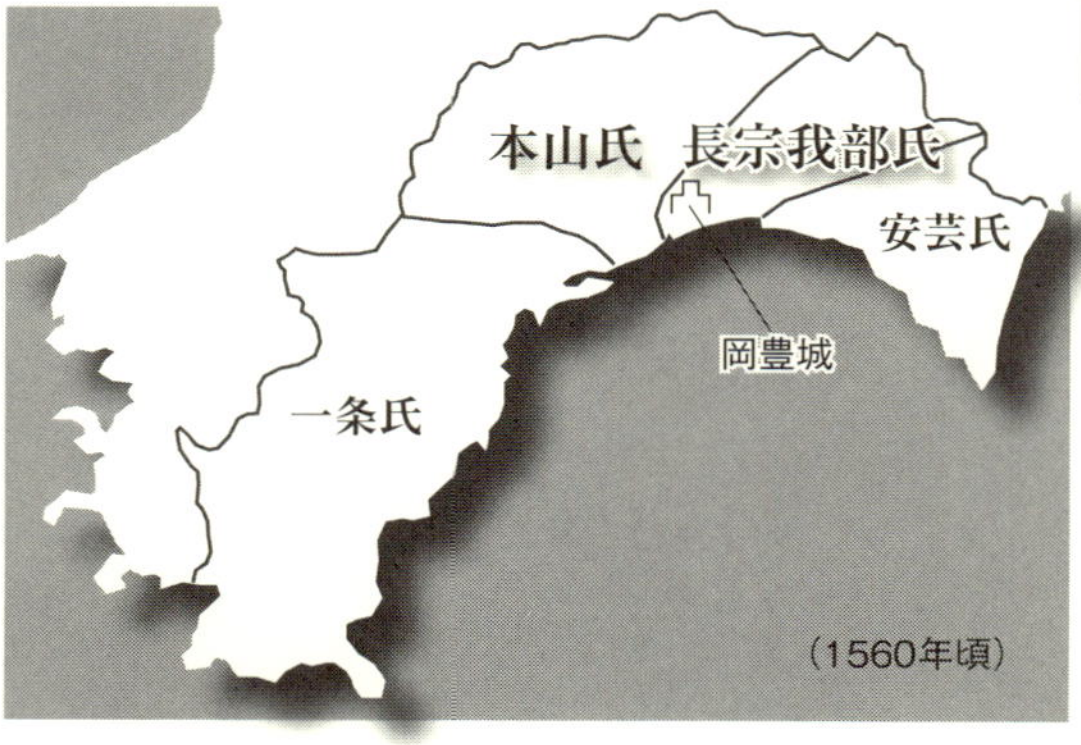

大窪美作のもとにいた大工の福原左馬丞《さまのじょう》を甘言で誘い、その手引きによって長浜城に夜討ちをかけ、城を落とした。この夜討ちは元親《もとちか》初陣の前哨戦でもあった。

元親は天文八年（一五三九）国親の子として岡豊に生まれた。幼少の頃はあまりものも言わない色白のおとなしい少年で「姫若子《ひめわこ》」ともいわれていた。父国親はそれが物足りなく、初陣も二十二歳と遅かった。

長浜城夜討ちの報に接した本山氏はただちに兵を長浜に向けた。この地を死守せんとする本山茂辰軍二千余騎と、東から攻める長宗我部国親軍千余騎の戦闘が開始された。初陣の元親も五〇騎を従え奮戦した。「姫若子」元親は、槍の使い方も知らず、武将としての武芸と指揮法を習いながらの初陣であった。しかし元親の奮戦ぶりは見事であり、本山氏を破り、さらに潮江城を乗っ取った。この戦いぶりを家臣たちは「土佐の出来人★」と仰ぎ、元親への信頼と期待は大きく膨らんでいった。父国親は間もなく病で没するが、父亡き後は父の偉業を継ぎ、二十五年かけて四国全土の掌握を視野に入れて戦いを進めた。

初陣にあたって長浜の若宮八幡宮社頭に陣をはり戦勝を祈願した。平成十一年（一九九九）五月、没後四百年を記念し元親初陣の銅像が建立された。多くの人たちの浄財によって、若宮八幡宮参道脇に若武者長宗我部元親初陣の像が建てられた。

また長浜城の西方の山下に位置する戸《と》の本《もと》古戦場跡は、かつては湿田であった。

若宮八幡宮参道に立つ
長宗我部元親初陣の銅像

元親像

▼出来人
土佐にあって行末頼もしい人。

長宗我部元親

いまは人家が建て込む中に、一部公園化され「古墳也勿毀」（こふんなりこぼつなかれ）の碑をたて、元親初陣の土地と定めて、元親栄光のスタート地点としている。

戦闘要員の中核一領具足

一領具足《いちりょうぐそく》について『土佐物語』は「そもそも、かの一領具足と申すは、僅かな田地を領して、常に守護へ勤仕もなく役もなく、ただ己が領地に引籠り自ら耕し耘《くさぎ》り、諸士の交りもせざれば礼儀もなく作法もなく、明暮、武勇のみ事として田に出ずるにも、鎗の柄に草鞋・兵糧を括り付け、田の畔《あぜ》に立置き、すはといえば鎌・鍬を投捨て走り行き、鎧一領にて差替えの領《りょう》もなく、馬一疋にて乗替えもなく、自身走り廻りければ、一領具足と名付けたり。弓・鉄炮・太刀打ちに調練して、死生知らずの野武士なり」とある。兵農未分離の時代の勇猛な地侍である。戦国・織豊期には全国に広くこのような地侍階層が、さまざまな呼び方をされて戦国大名の兵力の末端を担っていた。

一領具足はおよそ三町前後の給地を耕作する地侍であった。戦時には軍役を負担し、「種崎衆」「岩村衆」「木津賀衆」などのように、それぞれ郷村の惣《そう》★的な結合を単位として形成されており、長宗我部軍の戦闘要員の中核であった。

戸の本古戦場跡の碑

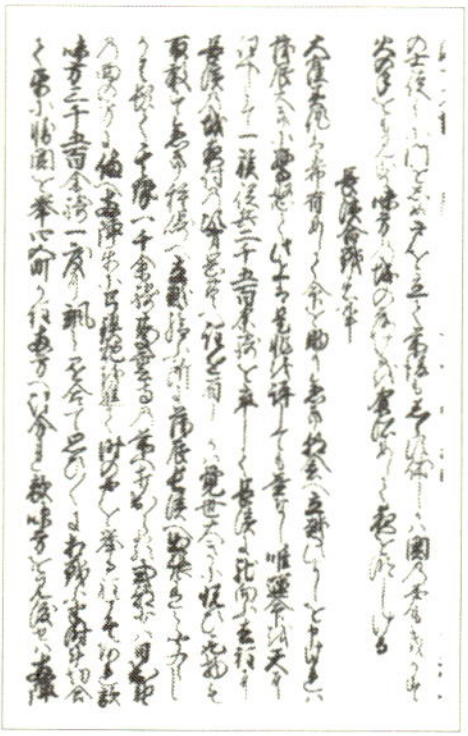

『土佐物語　巻四』に見る「長浜合戦乃事」

▼惣　農村の自治組織。

この一領具足の、土佐統一戦や四国制圧戦での奮闘ぶりは『土佐軍記』や『元親記』『長元記』などの軍記物に詳しい。しかし谷忠兵衛の言葉によれば、「四国は十人が七人は土佐駒★にのり、曲がり鞍を敷き木鎧をかけたり。武者は鎧毛切れ腐て麻糸を以て綴り集めて著し、腰小旗を横たバリにさして」戦いにのぞむ貧しさであり、兵農分離前の貧しい一領具足の姿が察せられる。

長宗我部氏に代わった山内氏はこの一領具足を否定した。一領具足たちは新国主に浦戸一揆や滝山一揆のような抵抗はしたものの失敗し、知行権も武器も奪われ、大部分が本百姓身分と位置づけられた。

「百箇条の掟」

四国統一を目前に元親は秀吉に屈し、土佐一国が安堵された。元親は豊臣政権下での領国経営を余儀なくされた。領国内の治安と秩序の維持には法令による厳しい統制が必要であった。

天正二年（一五七四）の「天正式目」をはじめ、慶長期には多くの掟が伝えられているが、なかでも「長宗我部元親百箇条」は分国法としても著名である。元親と四男盛親《もりちか》親子を中心に、元親の弟の親泰《ちかやす》や元親の三男親忠《ちかただ》、それに三家老の久武《ひさたけ》、桑名《くわな》、中内《なかうち》、一門の江村、国吉、馬場らのほかに、谷忠兵衛や僧非有《ひゆう》ら重

▼**土佐駒**
土佐独得の小型の馬。土佐の兵は六本足で歩いている、とからかわれたエピソードがある。

臣も加わり、検討合議によって完成したものである。慶長二年（一五九七）三月二十四日浦戸城内で発布された。その内容は神社や仏寺に関することや、朝廷や豊臣氏に対する奉仕の心得、政治・軍事・警察・司法に関すること、身分や家族制度・財産相続・生活上の諸問題や文化・交通に関することまで実に細かく詳細に定められている。公儀、公益の優先と、領国法と家法の性格を併せもった法令と評価されている。

地検帳の語り

検地は秀吉の命により、元親が行った。天正十五年（一五八七）九月に始まり、十八年には大部分を終えているが、一部慶長二年（一五九七）に及んでいる。その成果が記録された三六八冊の「長宗我部地検帳」は、国の重要文化財となり、現在高知県立歴史民俗資料館に保管されている。

この検地は太閤検地の基準に従ってはいるが、土地の面積を町・反・畝・歩で記帳せず、町・反・代・歩としている。土地の計測には六尺三寸杖が用いられ、六尺三寸四方が一歩で、三〇〇歩を一反とする。長宗我部検地で特徴的な「代」は六歩である。つまり一町は一〇反、一反は五〇代、一代が六歩となる。一歩は約三・三平方メートルであり、一代は約二〇平方メートルとなる。

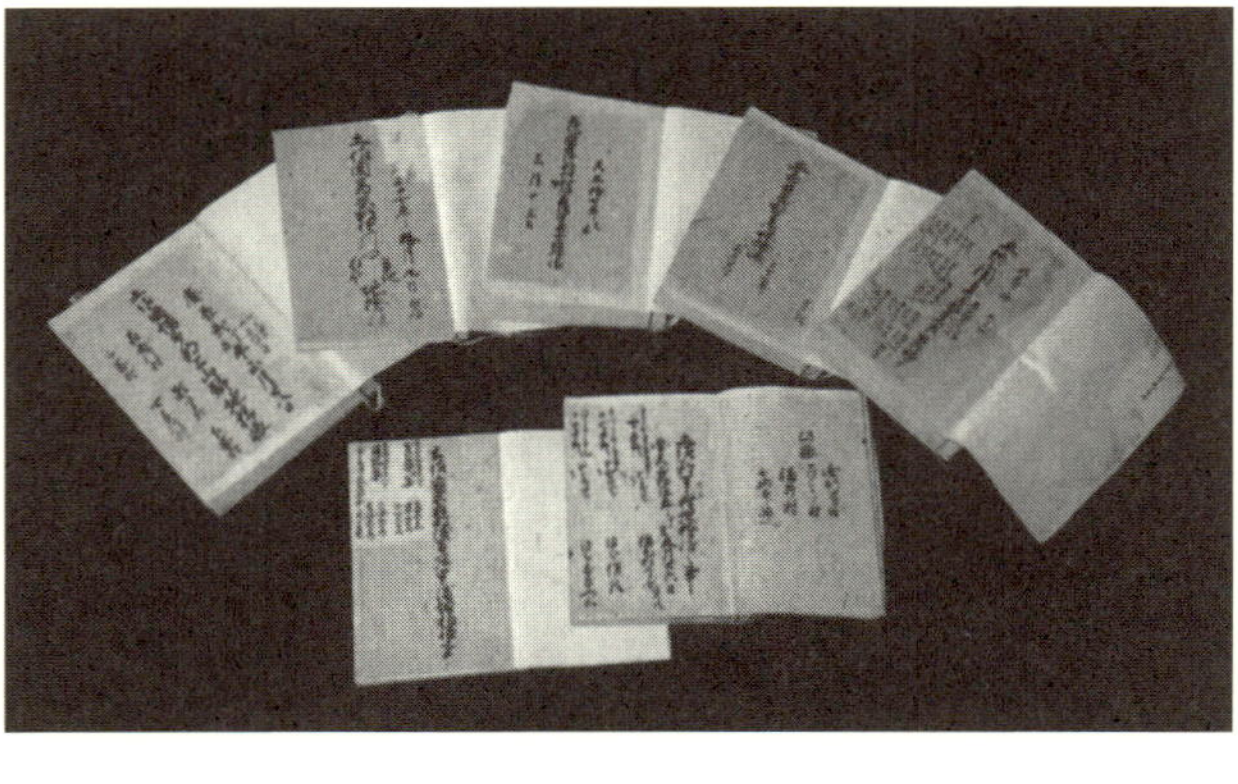

「長宗我部地検帳」
（土佐山内家宝物資料館蔵）

また地検帳には一般にホノギ（小字）や石盛（石高）、品等（上・中・下・下々）、耕作者で年貢負担人が書かれるが、「長宗我部地検帳」には石盛がなく地積が記載される。また名請人の表記も多様である。「扣」は実際の土地の支配者で、「抱」も同じものと解釈されている。「作」は作職で実際の土地耕作者であり、「ゐ」「ゐる」「居」はその者が居住していることを示し、「給」は給人のことである。「分」もその者が以前からもっていた土地のことと考えられている。

検地は農民を土地に縛り付け、年貢の取り立ての台帳作成の目的で行われるものである。しかしそればかりでなく長宗我部氏時代の土地の状況や村落の姿も把握でき、さらにさかのぼっての村の姿までも想定できる貴重な史料である。

こうして検地され、地検帳に登録された地高は二三万七五八二反歩で、土佐の慣習に従って一反を一石とするとほぼ二十四万石となる。この数字が本田として藩政の基盤となる。なおこのうち長宗我部氏の直轄直領は約二万三七五一反で、総地高の一〇パーセント程度であったようである。

吸江寺の寺奉行

文保《ぶんぽう》二年（一三一八）、名利を嫌う夢窓疎石《むそうそせき》は、執権北条高時の母覚海円成《かくかいえんじょう》の招きを辞し土佐に下り庵を結んだ。吸江庵《ぎゅうこうあん》である。吸江の名は唐の禅僧馬祖の「一口に吸尽す西江の水」という言葉からとったと伝えられる。しかし、疎石は度重なる鎌倉からの招きを断り切れず、土佐を去った。この疎石に師事したのが、津野山郷（現津野山町）出身の義堂周信《ぎどうしゅうしん》と絶海中津《ぜっかいちゅうしん》で、二人は五山文学の双璧と称され室町幕府の政治・外交面でも活躍する高僧である。

この寺の寺奉行に就任したことが長宗我部氏発展におおきく係わる。土佐の守護代細川氏は香美郡田村庄（現南国市）に在城した。地頭長宗我部氏は細川氏の家臣としてその保護を受け代々寺奉行をつとめた。この寺奉行就任が、三〇〇〇貫という土佐戦国の七守護の中でも最小の所領しかもたなかった長宗我部氏が勢力を拡大していく大きな契機となった。そして寺もまた戦国時代を通じて長宗我部氏の保護をうけ発展した。

教養の奨励

元親の指導理念の根本は儒教であった。「天正式目」でも史記や漢書、後漢書などのほか、五経や七書などを熟覧の書とし、師につき修学することをすすめた。また「百箇条」にも君臣僧俗、貴賤上下を問わず「仁義礼　聊かも猥りあるべからず」と規定している。また学問や文学についても身分に従って嗜むこととし、奉公のひまを見て文化的教養を身につけるよう努力することを命じ、すぐれた業

吸江寺跡

績を上げた者には恩賞まで与えるとしている。
また『元親記』や『土佐物語』などからも文学や芸能の修業にもすぐれた師を岡豊城内に招いて修業したことを見ることができる。手習いに文学、太鼓、謡、笛、鼓、礼式、碁、和歌、連歌など多岐にわたる分野に、それぞれ当時のすぐれた指導者を招いての修業であった。次のような文武の達人の名が見える。

手習　吸江庵真蔵主・忍蔵主
鼓　勝部勘兵衛　泉州より招聘
笛　小野菊丞　上京修業して師となる
太鼓　頭我総右衛門父子　京都より招聘
鞠　飛鳥井曾衣　一条氏の臣後長宗我部氏の客臣
碁　太平捨牛・森勝助　上京して学ぶ
礼式　桑名太郎兵衛・中島与一兵衛　上京して小笠原家に学ぶ
馬　産方小休

鎗　太平市郎左衛門
長鎗　同人
素鎗　甲藤市之助
太刀　伊藤武右衛門
弓　大蔵才八
鉄炮　近沢越後
和歌　京都公卿小松寺覚櫻　岡豊招聘
連歌　蜷川新左衛門道標　招聘

光を放つ文化財

国内の寺社の修理や改築、宝物の寄進なども積極的に行っている。戦争の激化に伴う神仏の加護を願ってのものであったろうが、それらはいま光彩を放つ文化財として貴重なものになっている。

岡豊城のすぐ北にある岡豊別宮八幡宮は、元親の信仰厚く出陣にあたって常に戦勝を祈願したという。長宗我部氏ゆかりの宝物を多く蔵していたが、大正年間の大火に焼失し、いまは元親が画工真重《しんちょう》に命じての作と伝えられる三十六歌仙の画額一四枚と、出陣の際に使用したという「天正四年八月吉日」の銘のある一升入りの盃、熊蜂の盃（ともに南国市指定文化財――高知県立歴史民俗資料館保管）があるのみである。

土佐国分寺の金堂と土佐神社の社殿は、元親の功績を不朽に伝える文化財とされるものである。

土佐国分寺の金堂は永禄元年（一五五八）元親の再建である。桁行五間、梁間五間の平屋建て、こけら葺きの寄棟造りは質素な建物であるが、屋根の木割りの大きい軸組みや、和様の三斗組み、二重の吹寄せ垂木の軒など、清楚で風雅な天平の気風を伝えている。

土佐神社は、土佐の総鎮守で、一宮として皇室や武門の崇敬信仰も厚かった。しかし永禄六年五月五日、土佐中央部を長宗我部氏に奪われた本山氏は、一挙に岡豊攻略の策にでた。一宮の在家にかけられた火はたちまち広がり土佐神社も焼いた。長宗我部元親は四国統一の成就を祈願して、永禄十年（一五六七）に社殿再建に着手し、元亀二年（一五七一）の春に本殿、幣殿、拝殿を完成させた。

土佐国分寺金堂

本殿（国重文）は桁行、梁間ともに五間で、入母屋の屋根はこけら葺き。赤・青・緑・黒と極彩色で優美絢爛。拝殿と幣殿（ともに国重文）の平面は十字形で、トンボが羽を広げて本殿に飛び込む形の「入りトンボ」式で、元親が凱旋を報告するのにふさわしいものとして建立させた全国でも珍しい様式である。

「入りトンボ」式に対して「出トンボ」式の建造物は、高知市長浜の若宮八幡宮である。若宮八幡宮は源頼朝が吾川郡を京都の六条左女牛《さめうし》八幡宮に寄進した時勧請したもので、武家の守護神として崇拝されてきた。長宗我部元親も永禄三年（一五六〇）初陣の時以来尊崇し続けた。浦戸に移ってからも「西宮」として社殿の造営や社領の寄進もした。天正十四年（一五八六）、豊後出陣の祈願に際し、旗の笠標が鳥居の冠木にあたりちぎれ落ちた。元親は縁起が悪いと気遣ったが、家来たちは吉兆として出陣した。しかし戦いは島津軍に大敗し長男の信親《のぶちか》までも失った。鳥居は海中に投げ捨てられたという。幣殿を比較的長く造って、トンボが羽を広げ、飛び立つ形の十字形の社殿配置で、通称「出トンボ」式と呼んでいる。出陣戦勝祈願の社殿配置である。

竹林寺も、寺伝では行基が創建、空海が中興、更に藩政期には土佐藩主祈願寺として興隆したと言っている。本堂の文殊堂は文明年間（一四六九～八七）に建立されたと伝えられるが、その様式が元親建立の土佐国分寺に類似することから元親の建立ではないかとも言われている。桁行・梁間とも五間の入母屋造りで、廻

土佐神社本殿

り縁を巡らす。本堂正面の大師堂の右上に、鎌倉時代初期の様式をもつ五重塔も近年建立されている。

長宗我部家略系図

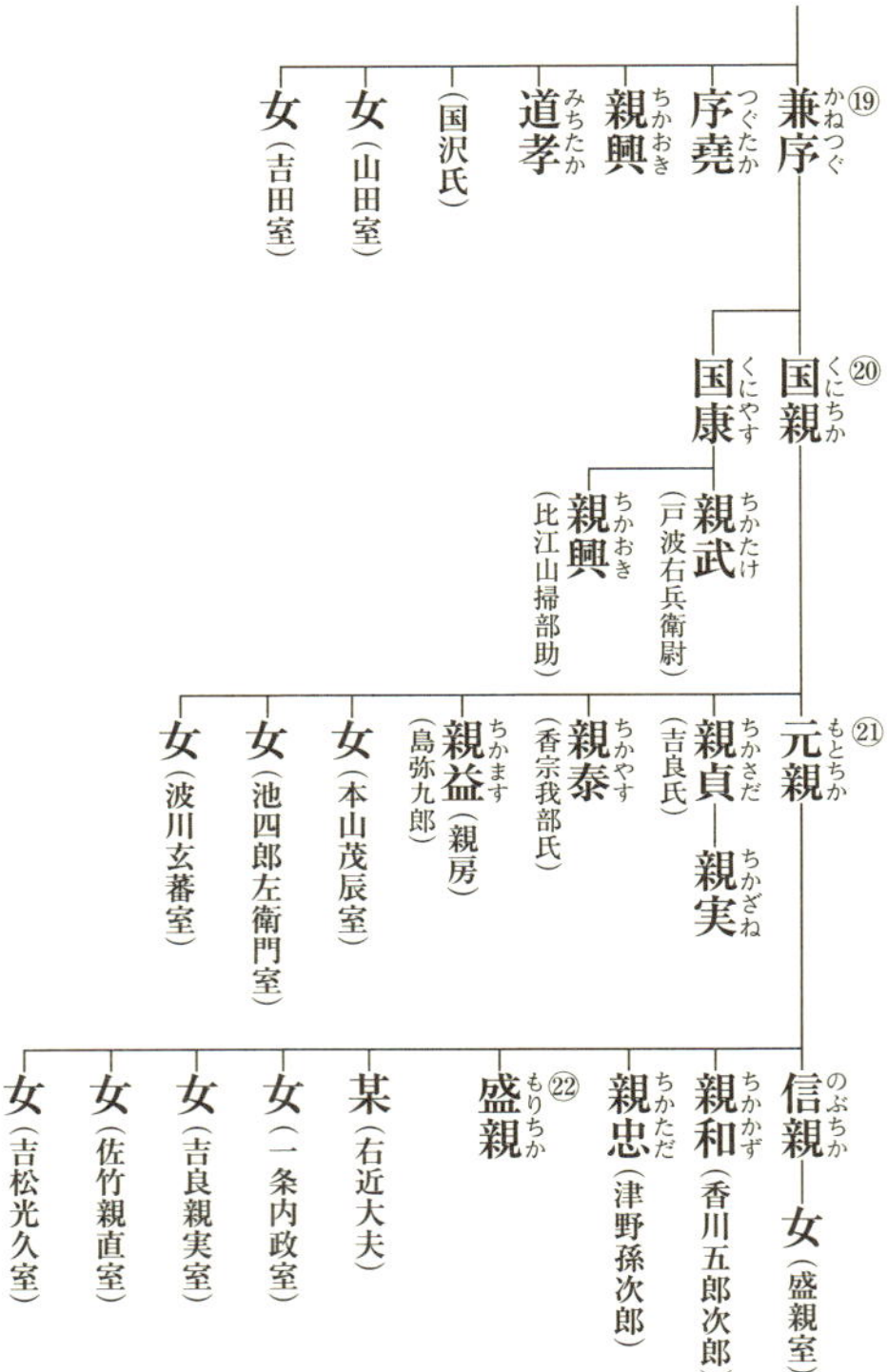

社殿配置概念図

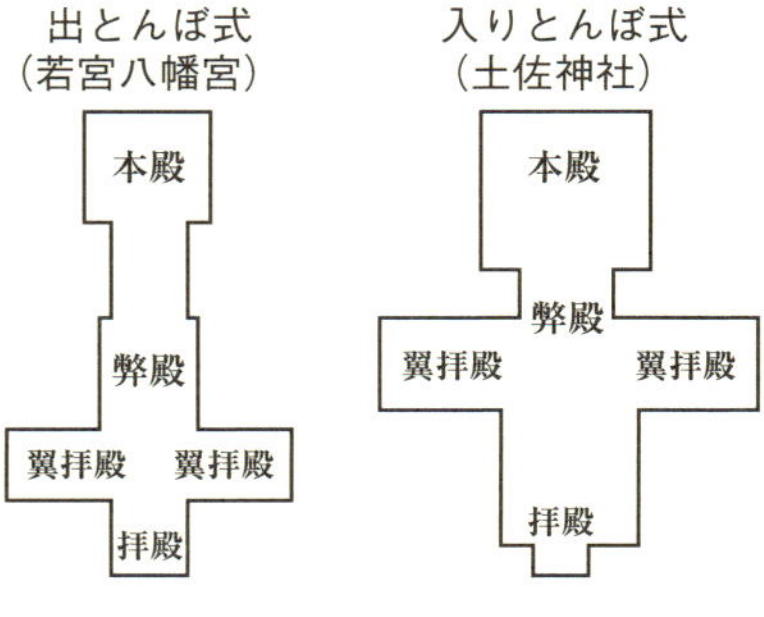

② 元親一族と居城

信長、秀吉と天下人に翻弄され四国の覇者も挫折、そして滅亡の道をたどる。岡豊城は土の城から石の城へと変化する城郭の歴史を明確に刻んで残す。中世城郭を凌駕する数々の遺構は、織豊系城郭として屈指の城である。

元親とその子たち

長宗我部氏一族の墓は岡豊城跡にある。秦能俊《はたのよしとし》が信濃から土佐に移り、宗部郷（岡豊付近）に住して以来二十余代の墓所と伝えられる。樹木が生い茂り、昼なお暗く、苔がむして多くの五輪塔は並んではいるが、それぞれ葬られている人物を探ることはできない。一段上の場所にある宝篋印塔《ほうきょういんとう》が元親の長男信親の墓塔とも伝えられるが定かではない。

長宗我部元親は天甫寺《てんぽじ》山中腹に眠る。玉垣に囲まれた宝篋印塔である。永禄三年（一五六〇）の初陣から十五年かけて土佐を統一し、ひき続き十年かけて四国統一もほぼ完成した。しかし天正十三年（一五八五）秀吉に降って土佐一国の主となった。居城も岡豊城から大高坂城へ、そして浦戸城へと移転し、「長宗我部

長宗我部一族の墓所

元親百箇条」の制定や、「長宗我部地検帳」などを残し、慶長四年（一五九九）五月十九日、京都伏見で波瀾万丈の六十一歳の生涯を閉じた。遺体は京都天龍寺で荼毘にふされて土佐に帰り、「雪蹊恕三大禅定門」の法号で四男盛親《もりちか》の手で葬られた。雪蹊寺《せっけいじ》はもと真言宗高福寺であったが、長宗我部元親の保護を受け臨済宗の慶雲寺と寺名を改めていた。慶長四年元親が没し、法名「雪蹊恕三」にちなんで、高福山雪蹊寺と改称し菩提寺となった。

長宗我部信親は元親の長男である。父元親の寵愛を一身に受け、智勇兼備の武将として、大きな期待がもたれていた。天正十四年十二月、秀吉の命により島津討伐に元親・信親《のぶちか》親子は豊後に出陣した。戸次川（現大分市）で奮戦したが、信親は家臣七百余人とともに討死した。元親は信親の遺骸を請いうけ高野山におさめたが、のち分骨して長浜天甫寺に葬った。天甫寺はのち廃寺になり墓は雪蹊寺《せっけいじ》に移された。信親の死は元親にとっては悲しみも大きく、以後元親の生活は一転する。雪蹊寺裏手の墓域には戸次川で討死した七百余人の土佐武士の供養塔もあり、遠く戸次の地に散った人々とともに眠っている。

香川五郎次郎親和《ちかかず》は長宗我部元親の次男である。はじめ西讃岐の香川家の養子に入っていた。しかし秀吉の四国攻めによって香川家が改易となり、一時大和に幽閉されたが許され岡豊に住していた。秀吉は長男信親の死によって、長宗我部家は次男親和を後継者にという朱印状を与えていた。しかし元親は世継ぎは四男

長宗我部元親墓所

盛親に決定した。親和はその後悶々の日々を過ごすなか病に伏して世を去った。墓所は岡豊城跡の北斜面中腹にある。崩れた宝篋印塔が一基その墓所を知らせている。

津野親忠《ちかただ》は長宗我部元親の三男である。高岡郡津野郷姫野々城主である津野勝《かつ》興《おき》の養子となった。元親が豊臣秀吉に降伏した時に人質とし大坂に送られ、藤堂高虎とも親交を深めた。天正十四年、戸次川の戦いで長男信親が討死し、長宗我部家は家督相続で内紛が起きた。元親は四男盛親に信親の娘を娶り、家督を継がせようとした。反対する一族重臣たちには自刃を命じ内紛を閉じた。親忠も微妙な立場となっていたが、岩村（現南国市）の霊巌寺《れいげんじ》（のち孝山寺と改称）に幽閉された。盛親が関ヶ原の戦いで西軍に与して敗れると、国主の座を親忠に替えられることを恐れた盛親側近の策謀により、親忠は切腹させられた。このことを家康は「元親の子に似合わぬ不義理者」とし、盛親改易の原因ともなった。津野神社は二十九歳で非業の死を遂げた親忠の霊を鎮めるために建立された。社殿には貞享年間（一六八四〜八八）の頃の作とされる親忠像が現存する。神社の脇には親忠の五輪塔もある。

四男盛親は関ヶ原の戦いで西軍に荷担する。いったんは家康に謝罪するが上坂直前の兄親忠の殺害は土佐没収の口実ともなった。改易後は牢人として蟄居し、自ら剃髪し大岩祐夢と号して寺子屋の師匠をしていたとも伝えられる。慶長十九

津野親忠墓所（津野神社）

年大坂城に入城した。大坂冬の陣、続く夏の陣には盛親に呼応したかつての旧臣たちもはせ参じ多くの命を落とした。こうして家康に二度も弓を引いた罪は重く死罪と決し、四十一歳の生涯は六条河原の斬首で閉じた。墓所は刑場近くの京都蓮光寺の境内にありそこで一人眠っている。

「土の城」から「石の城」

長宗我部氏の居城は、長岡郡岡豊《おこう》村（現南国市）岡豊山に所在する岡豊城である。標高九七メートルの東西に長い孤立丘陵に構築された土佐の中世城郭を代表する城跡である。築城の年代は不明であるが、永正五〜六年（一五〇八〜〇九）、周辺の有力国人であった本山・山田・吉良氏らの連合軍に攻められ落城した。城主長宗我部兼序《かねつぐ》は自刃し、幼年の子千雄丸は幡多《はた》の一条氏★（一条房家《いちじょうふさいえ》）のもとに逃れたと伝えられる。

永正十五年（一五一八）、千雄丸は国親を名乗り岡豊に帰り、ここを本拠に長宗我部家再興に乗り出した。国親は永禄三年（一五六〇）病死するが、跡を継いだ元親は土佐を統一し、天正十六年（一五八八）大高坂城《おおたかさかじょう》に移転するまで長宗我部の居城として機能し続けている。

城の縄張りは山頂部を主郭とし、二の段から四の段までの階段式曲輪が構えら

国分川に影映す岡豊城

▼一条氏
土佐の国司、長宗我部家再興を助けたが、のち弱体化し、長宗我部元親に滅ぼされる。

れ、さらに西に伝厩跡《うまやあと》曲輪《くるわ》と南に伝家老屋敷跡《かろうやしきあと》曲輪《くるわ》の二カ所の副郭をもつ連立式構造で、縄張りからみると北側と西側の防御施設が顕著な城郭といえる。

この城跡は高知県立歴史民俗資料館建設等に伴って、すでに六次にわたる発掘調査が行われた。その結果、詰めの掘立柱建物跡の柱穴から、焼土や炭化物の粒子が混ざって検出され、建物の火災による焼失を明確にした。この火災は永正五年の落城の痕跡と推定でき、十九代長宗我部兼序の時期は掘立柱の建物を中心とした土造りの城であったことを物語る。

元親は天正三年には土佐を統一し、それ以降は四国制覇の野望に燃える時期である。この時期岡豊城も大改修が行われ、詰め★には礎石建物が建ち、それに付随する出入り口的な小櫓の基礎部分と考えられる切石遺構や、割石を敷きつめた石組みの遺構も検出された。さらに櫓の通し柱用の礎石から判断すれば、ここには二層以上の瓦葺きの建物が想定できる。出土した多くの瓦片の中に

「おかう之御……

瓦工泉劢……

天正三……」

と三行刻まれた丸瓦片もあった。瓦片の出土は瓦葺きの建物の存在を伝え、加えて和泉国の瓦工人とのかかわりも認められるものである。改修は詰めだけでなく三の段、四の段にも及び、礎石の建物跡が検出され、大がかりな改修を認めさ

▼**詰め**
城の最も高い所。近世の城の本丸に該当する。

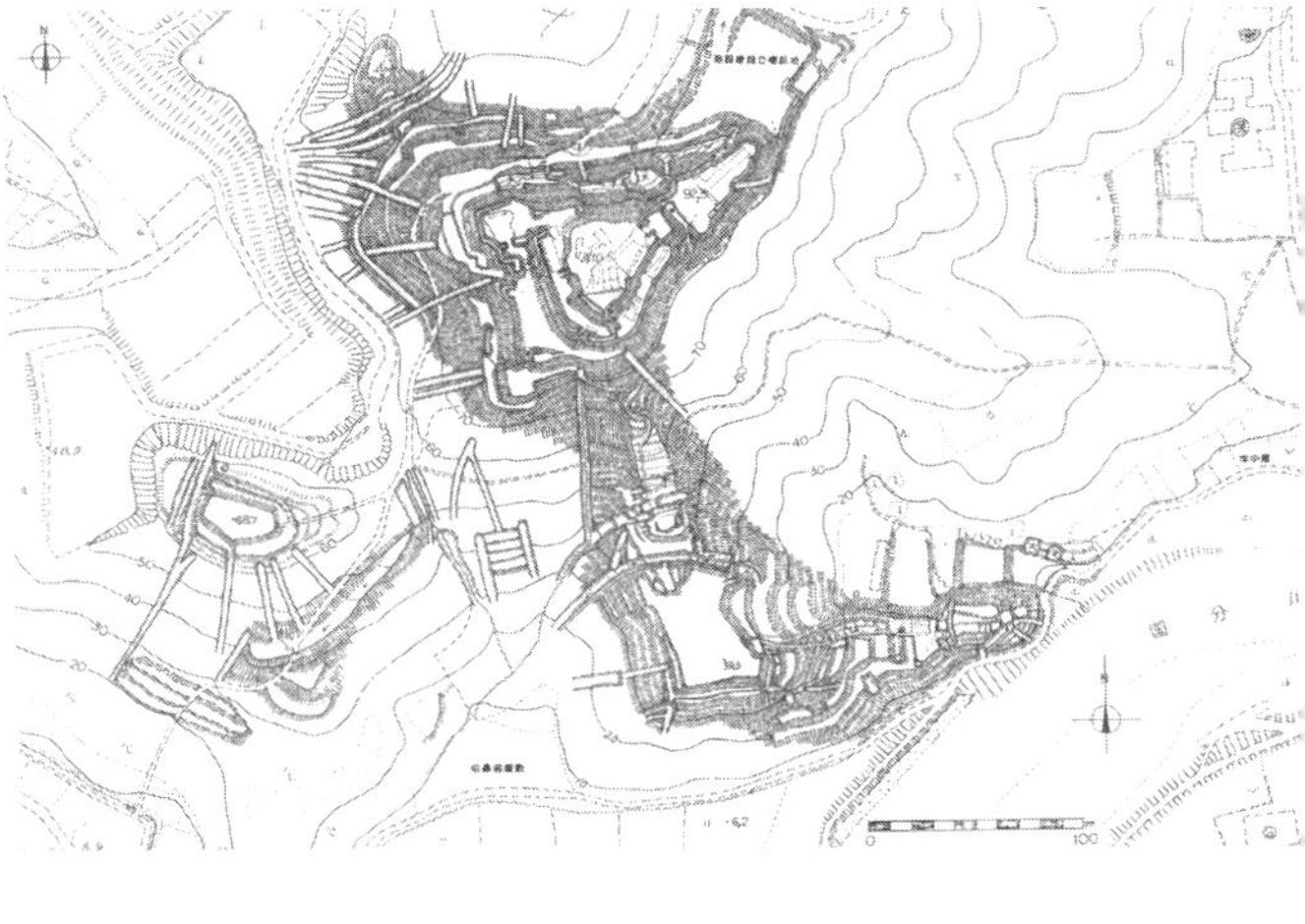

岡豊城縄張り図

せた。城は「土の城」から「石の城」へと変化し、次第に織豊期の城へと変化する過程である。

織豊期の城郭といえば四の段の北曲輪に通じる虎口《こぐち》★もそうである。さらに虎口後方の空間にも城門の性格を思わせる礎石建造物跡がある。この礎石建造物は、三の段の建物と連動して虎口後方の重要な防御的役割を果たすものとも考えらる。三の段や四の段からの出土遺物は、十六世紀後半に位置づけられるものが多い。これは天正三年、元親が土佐統一を完成して間もなくの改修を判断させる材料で、織豊期の影響を受けながら建物や虎口などに改修の手が入れられた根拠ともなる。しかし織豊期城郭のシンボルともいえる石垣遺構の技術は、まだこの城では見ることはできず、それは元親が豊臣傘下に入ってからの、天正十六年の大高坂移城まで待たなければならない。

▼虎口
城郭の要所にある出入り口。

元親の大高坂城と浦戸城

大高坂城は大高坂松王丸《おおたかさかまつおうまる》が北朝方と激戦を展開したとされる城である。大高坂松王丸居城の実態は、考古学的には伝御台所屋敷跡から南北朝期の遺物が見つかっており、この時期この地が城として機能していたことは間違いない。その後永禄年間には長宗我部元親に攻められその支配下に入る。長宗我部氏支配の時期については、本丸の黒鉄門の試掘調査で、十六世紀後半代の備前焼や貿易陶磁器が出土しており、何らかの機能を果たしていたと考えられる程度のものであった。

平成十二年度に実施された三の丸の石垣整備事業改修に伴って、三の丸の試掘が行われ、そこに天正年間の石垣の検出や桐紋瓦等が出土し、長宗我部氏の時期にせまることができた。

天正年間の石垣とされるものは、三の丸を形成している石垣より八メートルほど三の丸の内側に入った付近で、自然石を積み上げた高さ二・七メートル、長さ一三メートルの規模である。石材はチャートの自然石であるが一部に石灰岩や砂岩も利用されている。石垣の隅部はシノギ角になり、六石は算木状に積み上げられているが、それは完成した算木積みではない。裏ゴメ★部分の調査から上の二石は修築されたものと判断された。そしてこの裏ゴメの調査段階でそこから桐紋の軒丸瓦が出土した。石垣裏の堆積状況や桐紋瓦の出土から二石目のまでの改修は、山内氏入城の慶長六年（一六〇一）以降のようである。二石目より下の裏ゴメ部分からは中世遺物しか出土しないので明らかに長宗我部期に構築されたものである。

またこの石垣が存在する三の丸の地山の復元も試みられている。「地山は三の丸東面の石垣端部から、今回発見された石垣まで、東西約五〇メートル、南北幅約六〇メートルの丘陵が突出した地形であり、北・南は切り岸を利用した自然傾

高知城天正期の石垣

▼**裏ゴメ**
表の石の裏側に石（栗《くり》石《いし》）を入れて水はけをよくする。栗石とも言う。

斜であったと考えられている。そしてそこからは大高坂期から長宗我部期にかけての遺物が出土しており、三の丸は部分的に大高坂期からすでに中世城郭として利用されており、その後長宗我部によって改修され、さらに山内氏によって現在の曲輪に整えられたと考えられる」（現地説明会資料）。

長宗我部氏が岡豊城から大高坂に移転したのは、天正十六年（一五八八）とされている。しかしそれよりも早い時期の移転の可能性も出てきた。「長宗我部地検帳」には天正十六年正月の大高坂郷の状況が明確に記されている。その地検帳に記載される「大テンス」は、「大天守」ではないかというのである。この時期本丸にすでに天守が存在し、「御土居」との記載は、長宗我部氏の居館と考えられる。こう考えると検地が行われたとき、大高坂には長宗我部氏による城郭が普請されていたことになる。そして発見された桐紋瓦は、長宗我部氏に桐紋の使用が許された限られた時期に、三の丸の礎石建物に葺かれていたものと考えざるを得ない。そうすれば秀吉が桐紋の拝領を許されたとされる天正十四年以降から、長宗我部氏が浦戸城を構築した天正十九年の間となる。天正十六年正月には実施された検地では城郭の普請が終わっているとすれば、その前年の天正十五年にこの桐紋瓦は使用された可能性が出てくる。岡豊城から大高坂に移転した時期の決定や、桐紋瓦を葺いた建造物も、今後の調査研究の成果を待たなければならない。

長宗我部元親が岡豊城から大高坂城を経て、浦戸の地に築城したのは天正十九

年の末頃とされている。以後十年を経て慶長五年長宗我部氏は滅び、山内一豊《やまうちかつとよ》が入城したのはその翌年であった。

浦戸城はもともと天然の要害であり、南北朝の頃は土豪の城塞であった。一時本山茂辰もここに城を構えたが、長い期間の支配は許されず長宗我部氏の支配となる。

現存するのは、天守台跡とわずかな塁状地形や堀切、それに曲輪の一部のみである。

基本的な縄張りは、詰めを中心とする曲輪が、自然地形を基に形成される中世山城の形態はとりながらも、天守台の存在や食い違い虎口の形態、発掘された詰めや東出丸の高石垣などは、中世山城を凌駕する織豊系の城郭である。長宗我部氏が豊臣傘下のもと、戦国大名から近世大名へと変化する過程、戦国時代から近世への激動の時代という社会的背景を投影した城と評価されている。

山内家系図

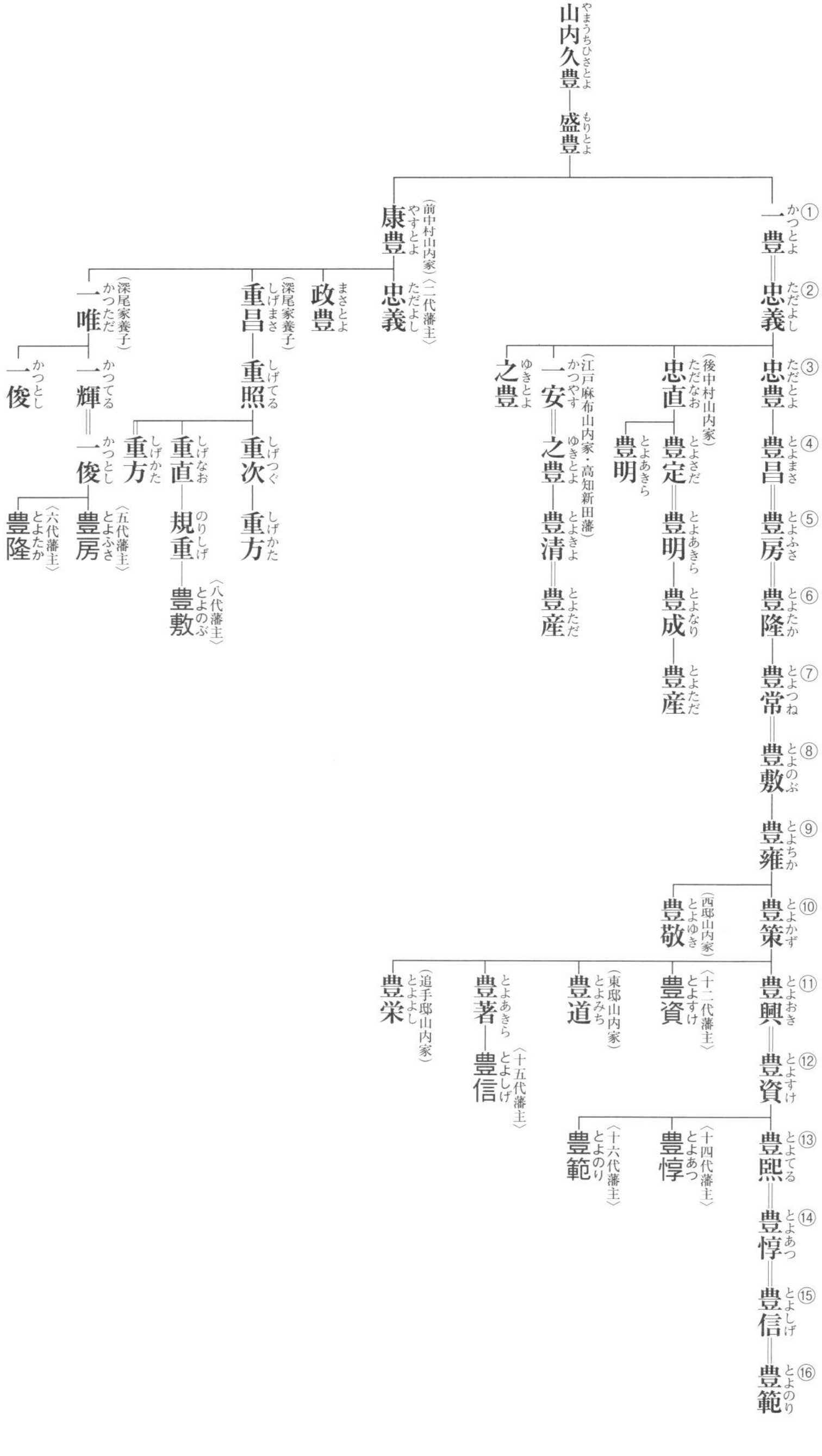
山内久豊《やまうちひさとよ》
盛豊《もりとよ》
康豊《やすとよ》（前中村山内家）
①一豊《かつとよ》
②忠義《ただよし》
忠義《ただよし》〈二代藩主〉
政豊《まさとよ》
重昌《しげまさ》（深尾家養子）
一唯《かつただ》（深尾家養子）
一俊《かつとし》
一輝《かつてる》
一俊《かつとし》
豊房《とよふさ》〈五代藩主〉
豊隆《とよたか》〈六代藩主〉
重照《しげてる》
重次《しげつぐ》
重方《しげかた》
重直《しげなお》
重方《しげかた》
規重《のりしげ》
豊敷《とよのぶ》〈八代藩主〉
③忠豊《ただとよ》
忠直《ただなお》（後中村山内家）
一安《かつやす》（江戸麻布山内家・高知新田藩）
之豊《ゆきとよ》
豊定《とよさだ》
豊明《とよあきら》
豊明《とよあきら》
豊成《とよなり》
豊産《とよただ》
之豊《ゆきとよ》
豊清《とよきよ》
豊産《とよただ》
④豊昌《とよまさ》
⑤豊房《とよふさ》
⑥豊隆《とよたか》
⑦豊常《とよつね》
⑧豊敷《とよのぶ》
⑨豊雍《とよちか》
⑩豊策《とよかず》
豊敬《とよゆき》（西邸山内家）
⑪豊興《とよおき》
豊資《とよすけ》〈十二代藩主〉
豊道《とよみち》（東邸山内家）
豊著《とよあきら》
豊信《とよしげ》〈十五代藩主〉
豊栄《とよよし》（追手邸山内家）
⑫豊資《とよすけ》
⑬豊熙《とよてる》
豊惇《とよあつ》〈十四代藩主〉
豊範《とよのり》〈十六代藩主〉
⑭豊惇《とよあつ》
⑮豊信《とよしげ》
⑯豊範《とよのり》

第二章 山内土佐藩の誕生

七つかたばみは枯れて消え、三葉柏の旗はひらめく。

1

新国主の入国

遠州掛川五万石の城主は一躍土佐を領して二十万余石の支配者となる。
長宗我部氏の名を惜しむ家臣一領具足の抵抗もむなしく、長宗我部氏の歴史は消えた。
新国主として領民の信頼確保と権威の保持に課題を残してのスタートである。

浦戸一揆の抵抗

長宗我部氏の家臣一領具足は「勇猛にして無礼な地侍」と言われたが、長宗我部氏の恩顧を受け、土佐統一・四国制圧の兵力の中核として活躍してきた。しかし長宗我部盛親の関ヶ原の西軍荷担は、家康に許されることなく浦戸城は接収となった。徳川家康は、井伊直政に浦戸城受け取りを命じ、その後に山内一豊《やまうちかつとよ》に渡すよう命じた。慶長五年（一六〇〇）十一月、直政の家臣鈴木平兵衛と松井武太夫が土佐に派遣された。長宗我部盛親も、城明け渡しを命じた書状を家臣立石正賀に持たせ土佐へ下らせた。鈴木平兵衛は開城の命を伝えたが、一領具足たちは頑強な抵抗を示した。長宗我部の菩提寺雪蹊寺の僧月峯の仲介で、立石正賀は長宗我部家臣をなだめ、ようやく御畳瀬《みませ》（現高知市御畳瀬）から鈴木平兵衛らを雪蹊寺に導くことはできた。しかし長宗我部家臣竹内総右衛門は、一領具足たちを率いて鈴木平兵衛の止宿した雪蹊寺を包囲し、せめて土佐半国、いや二郡でも一郡でも盛親に与えられるならば命に従うが、不可能なら浦戸城を死守するよりほかにないと訴えた。交渉は難航し、竹内総右衛門は一領具足を率いて浦戸城に入り、老臣桑名弥次兵衛を中村から招いて主将とし徹底抗戦の策をたてた。

桑名弥次兵衛や吉田次郎左衛門らは、この抵抗が無意味であり、かえって主君盛親を窮地に落とす結果になると判断し、桑名弥次兵衛は籠城軍の首領となることを承諾し、野田右京や山川五郎左衛門らと謀って城の要所を固め、鈴木平兵衛に開城を約した。

一領具足たちは桑名らのこの謀略を知り大いに怒り迫ったが撃退され、十二月五日に浦戸城の接収は完了した。

抵抗した一領具足たちは各所で討ち取られ、首二七三は浦戸の辻に晒され、のち塩漬けで大坂に送られた。

胴体は浦戸の浜に埋められ塚の上には石丸神社が建てられた。そばには旧主への節義に殉じた一領具足たちの亡魂を慰めんと六体地蔵が建てられ、土井晩翠の詩碑や記念碑が建っている。

一領具足の碑

滝山の騒動

一六〇三年（慶長八）、滝山の地で騒動が起こった。本山一揆とも滝山一揆や滝山騒動とも言われる。これを指揮した高石左馬之助は、長宗我部氏の時代からこの地に勢力をもち、吉野川の南岸の下津野に居を構え北山五百石を支配していた。大河内、汗見川、北山、立川、奥大田の村々である。

山内一豊は入国当初、地方の中心となる所に、一門や重臣を配置して支配の強化と民心の安定を図った。嶺北本山の地には永原刑部一照を配備した。一照は北山五百石の年貢の上納を催促した。この催促に対し高石左馬之助は土地に対する長宗我部氏以来の権利を守ろうと年貢を拒み、農民たちを指揮して滝山に籠もって抵抗した。

百姓たちにしても、一昨年と昨年は国主交替の混乱期で耕作に専念できず、今年はまた未曾有の日照り続きの不作ゆえに、北山の村々からは年貢免除を求める訴状もすでに数回にわたり国主に出ていたという。蜂起の総勢は一〇〇〇人となり、それは「土佐の国の最初の農民一揆」といわれるものに発展した。藩は鎮撫のための使者を派遣したが殺害され藩も騒然となった。かつてこの地を巡回した野々村因幡らは、豊永郷からは農民の訴状が一九通も出されており、特に北山だけでも九通の訴状が出され、一触即発の情勢であることは承知していた。しかし藩として年貢の未納を許すことはできず、野々村因幡、山内掃部率いる八百余人の援軍が国見山を越え本山に急行した。

鎮圧隊はこの地方の事情にくわしい豊永村の竹崎太郎右衛門の案内で戦いを進めたが、一揆側の思いの外の抵抗に苦戦もした。しかし鎮圧隊の激しい砲撃に一揆勢も抗し切れず屈した。左馬之助は「決起以来四十五日、よくぞ戦った。敵の死者は千を越える。わしらの勝ちじゃ。百姓が大名に勝ったんじゃ。山内がおそれるのは幕府のおとがめじゃ。北山五百石は廃田じゃ。一人も帰農するでないぞ。そうすればふたたび勝つことができる。死んだ者もうかばれる。その日まで木の実、草の根をかじっても辛抱してくれ。それじゃ解散するぞ」（『一揆の系譜』山原健次郎）と、みな食料、甲冑、衣類、武器、弾薬、膳、茶碗に至るまでわけあい、あちこちに隠れ一揆は鎮圧された。

しかし「北山五百石誰一人鍬ヲ入レル者ナク、コトゴトク荒れ地トナリ、オ上ノ御為ニモナリガタシ」といわれるように、北山五百石の地は荒れ果てる結果となった。藩は豊永五郎右衛門を用い農民たちを説得し、一揆に参加した農民の罪を許し、年貢の減免と未進分は破棄する処置をとり帰村をすすめた。

村落《むら》はみな　一揆の家系《つてん》初明り　泉　淳

本山町滝山に建つ「滝山一揆」殉難の碑文である。

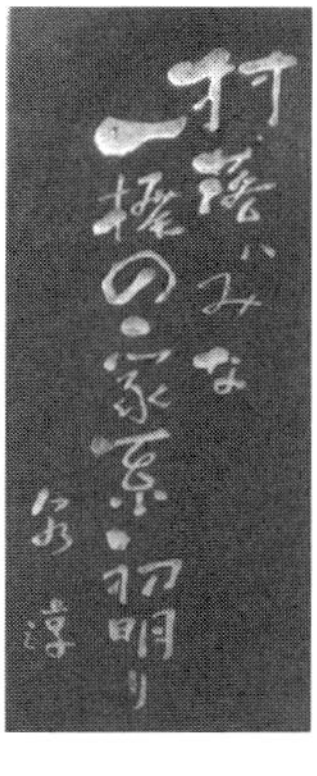

滝山一揆記念の碑文

国主交替という変化の時期は各地で民心の動揺は激しいものであるが、武士から農民に格下げされ、その不安は大きく抵抗も激しかった。山内藩政にとってこの一領具足たちの処置は、後々の農民政策に大きな影響を及ぼし、大きな課題ともなった。

新国主の入国

山内一豊は弟康豊《やすとよ》を土佐に送った。一豊入国の混乱を懸念しての策であった。康豊は山野に逃亡した一領具足たちに帰従をすすめ、長宗我部時代のものは改めない方針を明確にして一豊の入国を待った。慶長六年（一六〇一）正月八日に一豊は浦戸に入城した。

三月朔日、入城祝いに桂浜で相撲を行った。この相撲見物にきた者を物色し、一揆に関係したとみられる者や入国反対者七三人を捕らえ種崎の浜で処刑した。こうした厳しく徹底した一領具足への弾圧は、一領具足の余党を完全に地下に潜伏させた。

一領具足たちの鎮圧を終えた新国主は、四月朔日、家臣を従え東の甲浦から西の宿毛までの国内巡視を行い民心の安定を図った。この結果、地方の支配組織強化の必要性を痛感し、地方の中心となっている所に一門や重臣の配置を決めた。

西方から見た高知城

幡多郡中村には弟康豊を配し二万石を与えた。そして深尾重良には高岡郡佐川の一万石、山内一吉（本姓林氏）には高岡郡窪川の五千石、山内可氏（本姓安東のち伊賀氏）に幡多郡宿毛の七千石、山内一照（本姓永原氏）に長岡郡本山の一千三百石、五藤為重には安芸郡土居の千百石がそれぞれ与えられた。この配置は不安定な世情に対応する支城駐屯制で土居付き家老と言われた。一般家老たちは高知城下の拝領屋敷に住んだが、土居付き家老は配置された地と城下の双方に本拠を置き、領する土地からの年貢徴収はじめ裁判権も行使した。

入国当初に浦戸一揆や滝山一揆などの抵抗が相次いで起こり、一豊にとってはいかにして国主の権威を保持するか、また領民の信頼をいかに確保するかの課題解決がなによりも急務であり悩みでもあった。

新国主の石高

一豊の土佐への転封は、慶長五年（一六〇〇）十一月の上旬に、家康の側近榊原康政より口頭で伝えられたといわれ、新たに宛がわれた領知高を示す史料はない。

入国時の土佐の領知高については九万八千石と二十二万石との二説がある。長宗我部氏の表高、いわゆる中央政権が認め軍役の基準となる石高は九万八千石で

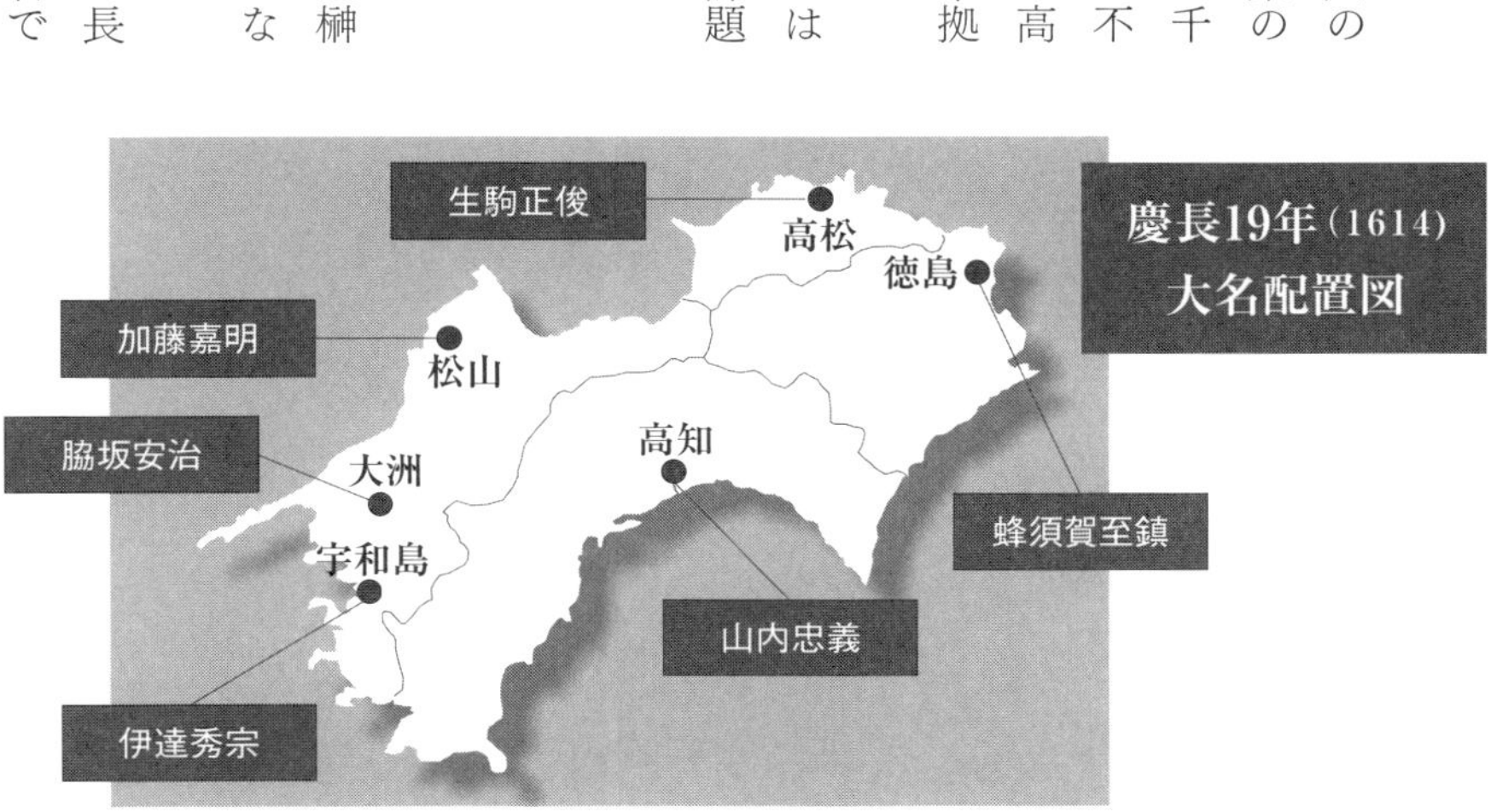

あった。一豊はこの領知高をそのまま拝領したのだと思われる。

二代藩主忠義《ただよし》が、慶長十九年に幕府に提出した、入国以来の領知高の変遷を述べた書状によれば、長宗我部氏の領知高は九万八千石であり、その後山内氏独自の調査で「二十万二千石」となったのでこれを幕府に報告し、以来二十万二千石の軍役を果たしているとある。この忠義の書状から見ても長宗我部氏の領知高は九万八千石であったことが明である。長宗我部氏時代に二十二万石であった土佐国が、九万八千石に減少されて一豊へ宛がわれたとは考えられず、また織豊期に長宗我部氏が二十二万石の軍役を負担した記録もない。山内氏は掛川五万九千石の領主より土佐九万八千石の領主となり、その後の政治過程の中で二十万石の大名に位置づけられたのである。ちなみに土佐二十四万石とは「長宗我部地検帳」が把握した土地二万四千町を一反一石で換算したものである。

『土佐実記』の「一豊公記」には「今ノ土佐守様先祖山内対馬守一豊公ハ関ケ原陣ニハ格段ノ御働ハナカリケレ共御実貞ニ家康公へ御勤被成候　慶長五年十月ニ家康公思召ニハ一豊公へ美作ノ国ヲ遣ス心得ナルカ美作ハ七万石ノ国ナリ今少シ増シテ拾万石ニハ足ラヌ国ハ何国ゾトノ御事ナリ其時御役人ヨリ長曾我部盛親ガ上リ尤土佐國ヲ被遣可宜ト申上ラル」とある。最初は七万石の美作国が候補であったが、石高が少し低く、もう少し高く十万石未満ということで土佐が選ばれたようである。

藩政の仕組み

土佐藩職制

土佐藩では一門と呼ばれる藩主山内氏とその一族は、所々の領主であったり分家して存在した。士分は家老・中老・馬廻り・小姓組・留守居組の五等級があり、上士（士格）として知行や扶持が与えられた。これに対し下士（軽格）とされるものには郷士・用人・徒士・足軽・組外・武家奉公人などがあり、彼らには切米が給与として与えられた。また士格と軽格の中間に白札という階級が出現した時代もあった。

行政機関は近習（内官）と外輪（外官）に分かれ、近習（内官）は内政官として藩主の側近に仕える近習家老であり、これに付属し側用役や納戸役があり、その勤務状況は近習目付が監察した。江戸藩邸や京都藩邸には留守居役が渉外関係の任務にあたり、大坂には大坂在役が常駐し蔵屋敷を預かり財務を差配した。

外輪の奉行職（執政）は家老のうちから二人または三人が選任され、月番をもって政務を担当しその下を統率した。その下に仕置役（参政）が中老や馬廻りから任命され、実際の職務にあたった。司法警察の役は大目付（大監察）であり、その下に小目付、徒目付、横目が風紀を監察した。

山内家家紋、丸三葉柏紋《まるにみつばかしわもん》

民政は町、郷、浦の三支配に区分され、それぞれ町奉行、郡奉行、浦奉行が管掌し、その下部はそれぞれ地域において自治組織をもち庄屋が支配した。徴税官として免奉行、営繕には普請奉行と作事奉行、会計事務には勘定奉行、林政官には山奉行、造船や航海を管掌したのは船奉行、寺社奉行は置かなかったが仕置役が直接管理することになっていた。

高知城下には町会所が置かれ、自治の方策が合議された。播磨屋や櫃屋、平野屋、辰巳屋、土種屋などの豪商のうちから大（惣）年寄が選ばれ、庄屋、年寄、惣組頭など町方地下役が置かれた。大（惣）年寄が庄屋以下を統率し町奉行の監督の下に置かれた。

郡奉行の支配下の郷分（郡方）も町方のごとく庄屋と老、組頭の村方三役を置いた。戸数の少ない小村については合併して郷制を設け、大庄屋、惣老、惣組頭が置かれた。

国境には関所である道番所を置き、国境の出入りの警戒と商品移出の時に口銀を取り立てた。ここには道番人が任命されたが、庄屋の兼務もあった。

農民からの年貢米の徴収には納所が村方役所に置かれ、漁港や商港には分一役と呼ばれ役人が藩から任命され常駐して、漁獲や出入り商品に課税の事務を担当した。

町、郷、浦を通じて庄屋は徴税の任務や庶民の訴訟を裁定する権限も与えられ、奉行の命を受けて地方行政の中心となっていた。

土佐藩職制表

（職制は時によって改廃の跡があるが、ここにはその基本的なものを表示する）

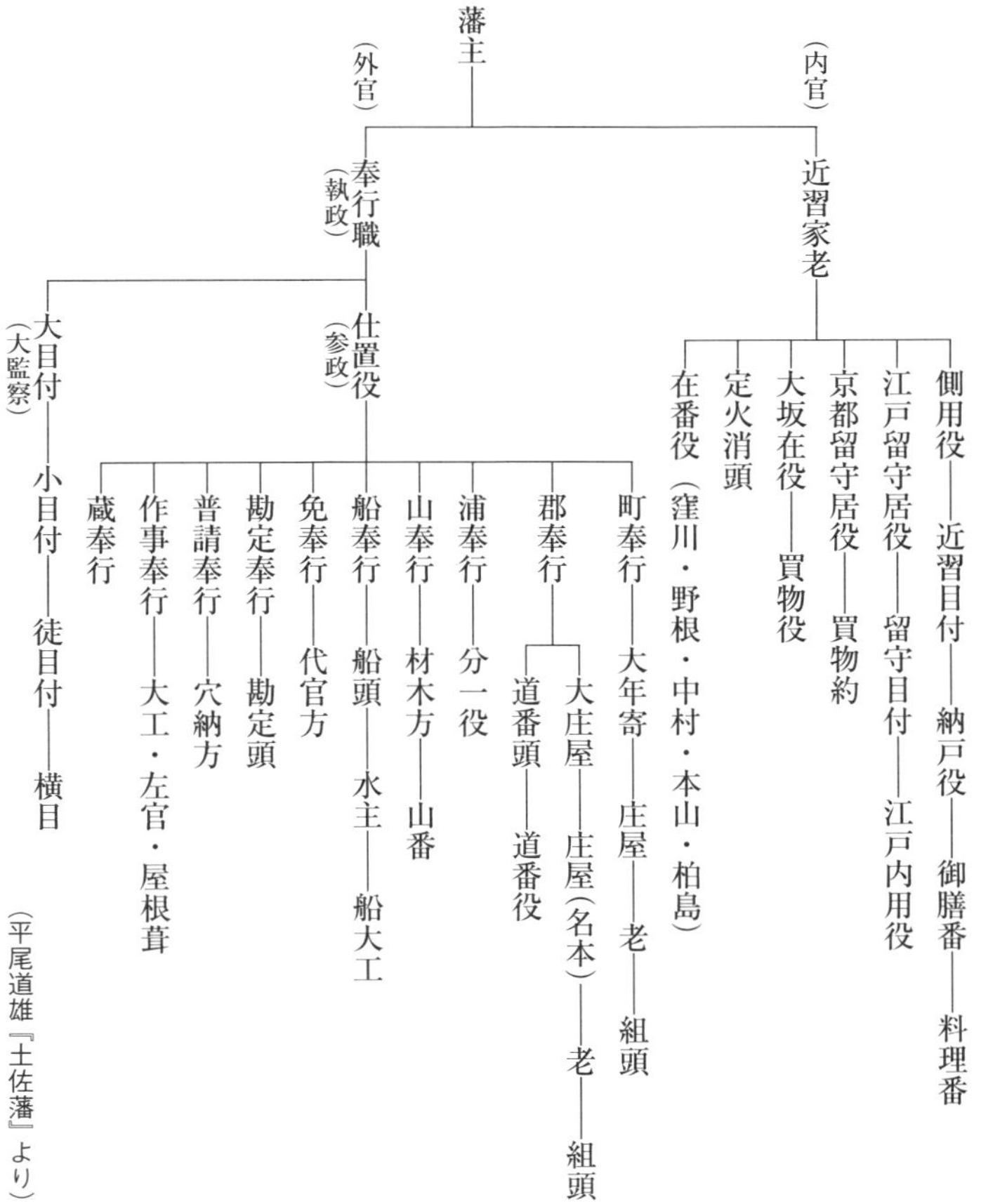

（平尾道雄『土佐藩』より）

②　河中山城の築城

人心の一新と権威確立に奮励努力、慶長八年本丸と二の丸を完成する。望楼型天守は全国現存天守十二の一つとして誉れ高い名城である。近世城郭の枠を語る数々の遺構を残して威風堂々とそびえる。

河中山（高知）城の築城とその後

築城は遠州掛川から土佐に移った山内一豊の手になった。そこはかつて南朝方の大高坂松王丸《おおたかさかまつおうまる》が砦を構え、戦国時代には長宗我部氏も一時城を構えた、標高四二メートルの大高坂山である。

慶長六年（一六〇一）六月、一豊は幕府に築城を願い出、鍬入れは九月であった。この時期は、城郭建築史から見れば第二期の築城盛況期にあたる。関ヶ原の戦いの戦後処理による大名の転封や禄高の加増が築城の盛況をよび、特に中国、四国、九州の地に広大な領国を得た大名たちによる築城が相次ぎ、築城盛況期は西日本を中心に起こったとまでも言われる。かつて東海や近畿の地で、秀吉によって大名に取り立てられ、石垣や水堀、そして天守などに先進的な近世城郭技術を持っ

天守から見る二の丸・三の丸

て西日本に移行した大名たちの技であった。

慶長六年八月、百々《どど》安行を総奉行とし、石材や木材は領内から集め、一日一二〇〇〜一三〇〇人の人夫を動員し、家臣たちをそれぞれの部署に当てて工事を進めた。二年後の慶長八年、本丸と二の丸が完成した。三の丸が落成し城の建物が完成したのは更に八年後の慶長十六年、藩主は二代忠義であった。

しかし享保十二年（一七二七）の大火は追手門のみを残し、創建当初の他の建物すべてを焼き尽くした。再建は、享保十四年から宝暦三年（一七五三）まで続けられた。

高知城は廃藩後、諸建造物は取り壊され、明治六年（一八七三）には、本丸の建物と追手門を残して市民利用の高知公園となった。昭和四年に制定された国宝保存法は、城跡内の主要建造物を、昭和九年（一九三四）一月三十日国宝に指定した。この法は昭和二十五年制定の文化財保護法に移行され、高知城も昭和二十六年八月二十九日国指定の重要文化財となった。そして昭和三十四年六月十八日には城跡も史跡高知城跡として国の指定を受けた。

城は太平洋戦争の被害からは免れたが、傷みはひどくその修理が昭和二十三年の追手門から開始された。その後大規模な解体修理が行われ、昭和三十四年三月三十一日全解体修理を完了した。

築城後四百余年の歳月が流れた。高知城に創建当時の建物はないが、その縄張

天守より本丸を見る

りにも普請にも創建当時の築城者の思想は生きている。全国一二のうちに数えられる現存天守であり、城郭としての残存量も全国屈指の城である。特に本丸建物群の完存は全国唯一であり、各所に見られる高知城だけの巧妙な作事もまた城郭研究上極めて貴重な城郭である。

高知城こそ我が国の近世城郭を代表する名城である。

類例のない本丸の構え

本丸への裏門にあたる黒鉄門は本丸の西端に南面して建っている。総塗籠《ぬりごめ》の建物の多い本丸にあって、漆喰塗りの部分がなく、柱、門、扉、蹴放し、戸当たりに至るまですべて板張りで、南面には筋鉄を一面に貼りつめ、黒く仕上げた門である。階上南側三間に、揚げ板の開閉自在の石落しも構えている。

廊下門をはさんで東西に向かい合ってそれぞれ性格を異にする多聞櫓がある。東多聞は廊下門と鈍角になる石垣の上に建ち、西多聞は廊下門の西側南端から一間の築地塀を隔てて本丸石垣に沿って建っている。「本丸御番所」の名のとおり、内部も東多聞と異なり住宅風の仕上げであり、屋根も珍しく切妻造りである。

土塀の現存例は全国的に少なく、戦後に再建された土塀の中にはコンクリート造りのものも多い。その中で高知城の土塀は、延長およそ一〇五メートルに及ぶ

追手筋から望む高知城
（明治初年頃。『高知城下町読本』より）

が、木造大壁造り、腕木、出桁、軒口いずれも塗籠で、屋根は本瓦葺きで、石落し、それに丸形、角形、三角形の狭間をとり混ぜ、物見窓まで現存する。外側の総塗籠の下部に水切りの段を造り出しているのもこの城だけに見る特殊例で、内側は一間おきに木造の控柱をたて、貫をとおし枠組みに固める構造である。この形式は中世以来の土塀であって、親柱と控柱を連結する貫には、有事の際板を渡して武者走りとした名残をとどめるものでもある。

土塀の中の貴重なものとして物見窓がある。武者窓とも言われるもので、それは天守の北東角から東側を南に、南側を西にのびて納戸蔵の東角で終わる一番長い土塀にある。天守や櫓、櫓門には物見窓も多く、敵兵の動向把握はさして困難ではない。しかし土塀は狭間だけでは視界は狭く、長い土塀には物見窓が必要となってくる。土塀壁面の上寄りに一間の横長に開かれた横連子の格子窓である。物近くには櫓もなく、本丸東南部の物見はすべてこの窓からということになる。物見窓の現存例は、高知城と金沢城石川門のみである。高知城は格子窓であるが、金沢城は形式を異にする、唐破風造りの出窓を突き出し石落しも兼ねる特異なものであり、この点からも高知城の物見窓は貴重さを増している。

廊下門は、詰門の階上の突き当たりにあり正面は外から見えない櫓門である。入母屋の屋根で、北面と西面は漆喰塗りで、南面の板庇と竪板張りの下見板は黒く塗られている。櫓門の西端は土台となる本丸の高石垣よりせり出して櫓を載せ、角に石落しを構える構造も見逃せない。

詰門は本丸と二の丸との間の空堀に架け渡し、階上は二の丸から本丸へ通じる渡り廊下とし、そこはまた本丸警固の侍たちの詰所でもある。階下は空堀内の橋脚を利用して空堀道を三の丸と獅子の段を往来する門として利用する仕組みで、門と橋と警固の機能を備えた特殊な櫓門である。外容は本丸と二の丸の石垣に挟まれ逆梯形で、内部は通路と蔵からなっており、通路の出入り口は東西両面に開いてはいるが、一直線ではなく筋違いになっている。追手から、あるいは搦手から攻め上った敵が容易に通り抜けできない戦略上の計画に基づくものとして、これも他の城に類例のない建造物として名高いものである。

古形式の天守と御殿

高知城は、平山城とはいえ比較的山が高く、天守は本丸と同じ高さの地盤に建つ独立式総塗籠の四重六階の望楼型天守である。望楼型天守は信長の安土城の天守で完成する天守形式で、室町時代の最末期におこった入母屋造りの屋根の上に、物見（望楼）を載せるのが基本構造である。

現存の高知城は、創建時のものは享保の大火で焼失し、延享四年（一七四七）の再建であるが、この形式を踏襲して古様を見せている。東西に棟をのばした入

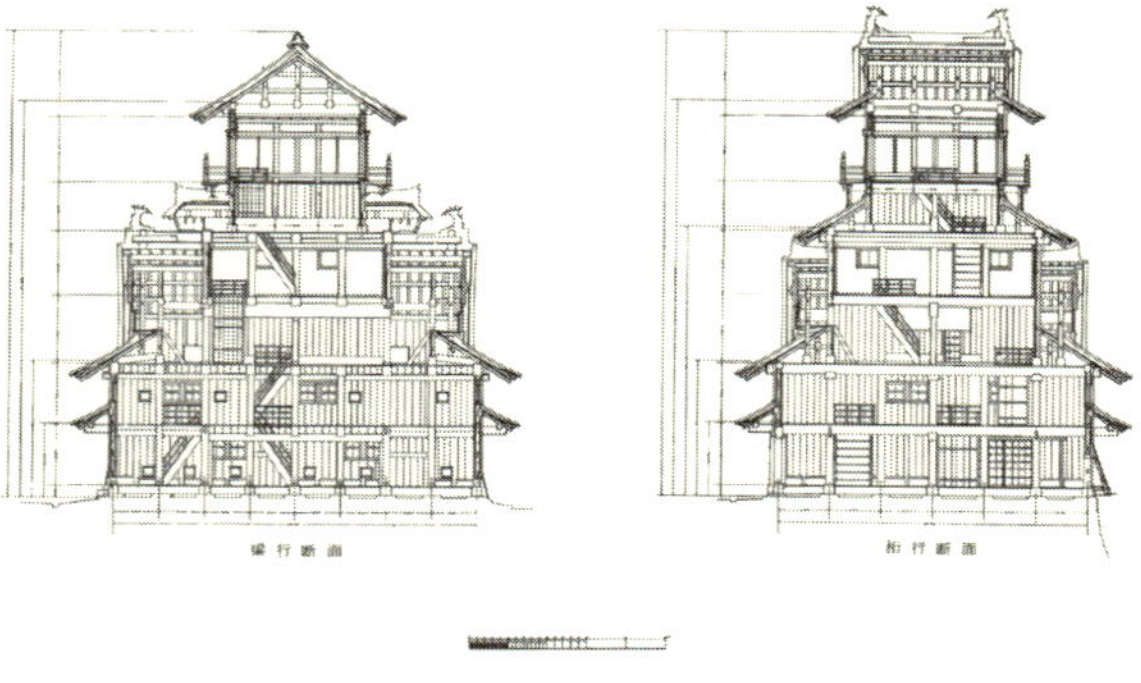

天守構造図（『高知城修理報告書』より）

母屋の平屋に、南北の棟をつけた入母屋の屋根をもつ望楼を据えた形をとり、二階ずつ三つ積み重ねた井籠組みの構造である。同じ四国にあって、単なる飾りとなった千鳥破風を多用し、玄関・式台まで設け、実戦から遠ざかった泰平の世の新式層塔型天守、その中でも最末期の宇和島城とよく比較される城である。

当時天守の改築にあたっては幕府の干渉は厳しく、旧天守の外観を模すことについては藩も憂慮した。しかしもし咎められることがあれば、火災のおりに家中の若侍どもが天守を担いで久万村の芝生に移し、鎮火後に再び元の位置に担ぎ戻したとの弁明を用意しての再建だったというエピソードも残している。

天守の一重目は一、二階であり、庇屋根を巡らし、二重目は大入母屋のたちあがり部となり、三重目六階は二間四方で廻り縁、擬宝珠のついた高欄が巡っている。屋根にある鯱は、瓦製の鯱が多いなかで青銅製である。大坂城や岡山城、広島城のような金箔押し、名古屋、江戸の金鯱には及ばなくても、青銅製の鯱は中空で異彩をはなっている。入母屋の屋根には、降り棟が二本並んでいるように利根丸瓦をのばして端に鬼瓦をつけ、軒の反りは、他の城に類例を見ない端を極端に強く反らす土佐大工の誇る巧妙な本木投げ工法をとり、屋根に優しさと典雅な趣を演出している。また天守の飾りとして重要な入母屋破風に千鳥破風、そして唐破風、破風につけられた装飾性豊かな蕪懸魚《かぶらげぎょ》や木連格子《きつれごうし》、それらは高級な書院造り殿舎を思わせる意匠でもある。しかし一重目にある巨大な石落しと忍び返

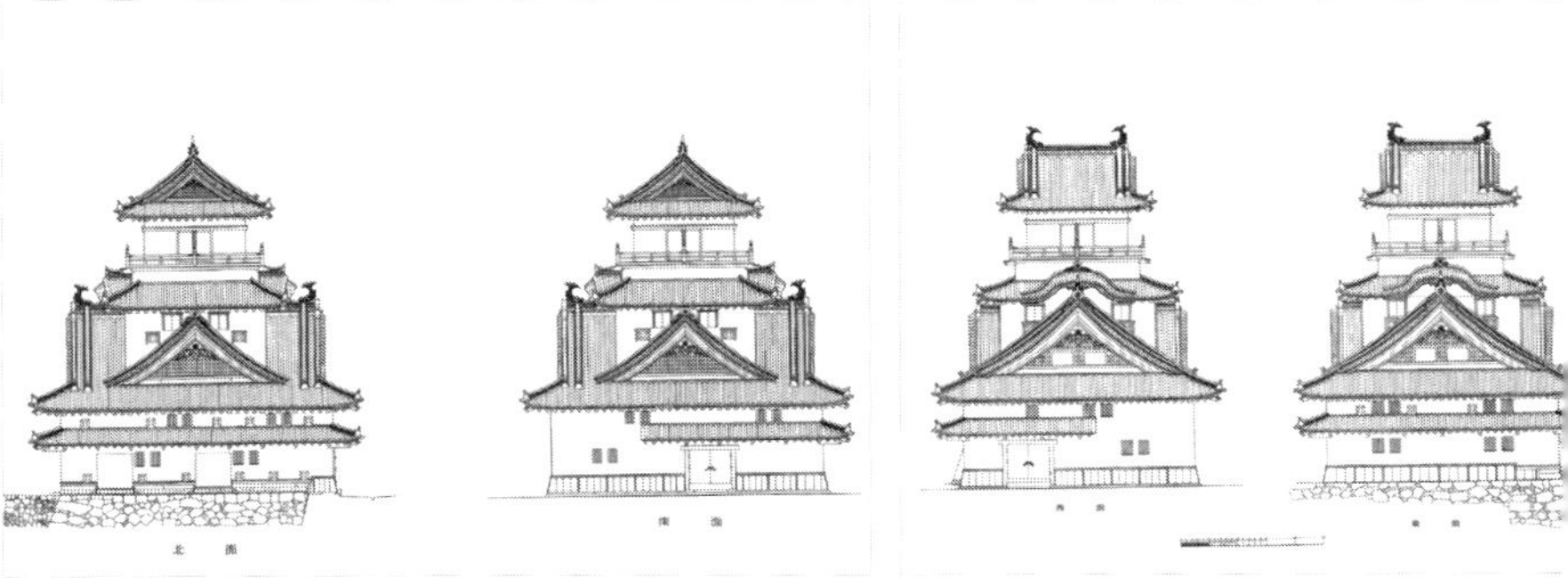

天守立面図（右が東西面、左が南北面）（『高知城修理報告書』より）

しは一転して城の厳しさを示して迫ってくる。特に一階台部につけられた三叉鑓《さんさやり》穂型《ほがた》と鉄剣を並べた忍び返しは、いま名古屋城や熊本城にあってもそれらは復元のもの、高知城のものは我が国に現存する唯一の威嚇象徴の遺構として貴重である。

この個性豊かな天守につながる本丸御殿、本丸への追手口の廊下門と、搦手口の黒鉄門。東西の多聞櫓に土塀などの建物群は、すべてが注目される建築物ばかりであり、これらがうちそろって本丸の遺構をほぼ完全に残す全国唯一の例として高い評価を受けている。

近世城郭の御殿は明治以降ほとんどが取り壊されたり、また戦災や火災によって失われてきた。現存するものは、二条城の壮観な御殿は別格として、川越城、掛川城それに高知城にしかない。とりわけ高知城の本丸御殿は天守に接続する古い形式を残している。

本丸御殿は、玄関、廊下、式台、溜間など一四の部屋からなり、正殿の書院には一段高い上段の間がある。正面には床と違い棚があり、右手に付け書院、左手の帳台構えの襖には金色の八双金具も輝き、その奥手は武者隠しである。単調な「うちわけ波の欄間」も目を引き、重要文書保管の納戸蔵も接続している。

石落としと忍び返し

威風誇る石垣と追手門

築城は城の縄張りから始まる。これで全体の計画を練り、それに基づく土木工事である普請が行われ、そして作事（建築工事）で城は完成する。

慶長期の縄張りの特徴は、本丸や天守への道筋、城壁の形状、虎口の形式に折れ曲がりの縄張りが多用された時期である。折れ曲がりで、視界を遮り、不安を抱かせ、そこに二方向以上からの射撃を加える横矢の形式が縄張りの基本であった。

高知城も、城の表口である追手門前は、石垣に囲まれる升形で折れ曲がり、城外から本丸に至る道筋は、右に左に何度も折れ曲がる。加えて城内の坂道やその配置にも普請の巧みを見ることができる。また城壁も屏風折れの形式で曲折を多用し、横矢による射撃仕掛けが各所にある。

城壁の石垣は穴太衆が話題となる。穴太は近江坂本の地名で、この地は古くから五輪塔等を切り出す石工の多い土地であった。その石工たちが、織田信長の安土城築城にあたって名工の名を得て以来、石垣と言えば穴太衆と言われるほどの技術集団に成長した。各地の築城に多くの石工たちが穴太から呼び寄せられたであろう。秀吉の伏見城築城にも、丹波篠山の築城にも、寛永十四年（一六三七）

三の丸石垣

の江戸城修築にも穴太の名は見える。高知城でも穴太の北川豊後の活躍が記されている。一豊は百石で召し抱えようとしたが、他の大名に引き抜かれてはと百五十石とし、小姓格で穴太奉行にしたとも伝えられる。三の丸工事にあたっては、新たに角田六左衛門も召し抱え、以後両人を中心に作業を進めた。

最近になって石垣の研究は進み、石垣と穴太の関係についても、従来どおり、安土城の石垣を築いて以来各地で穴太衆と呼ばれる技術集団にまで発展し、坂本穴太が全国に普及したとする説と、石垣積みのスペシャリスト穴太衆の存在を積極的に示す史料がないとして、穴太積みも否定する研究者や、穴太は単なる職人の名にすぎず、「穴太出雲」なども、石垣職人の出雲という意味であるとする研究者も出てきた。

高知城の石垣は、北側の一部を除いてすべて周辺の山から切り出された山石の野面積みであるが、追手門は巨石の切石を積んで升形を形成している。追手は虎口であり城の表門である。城攻防の要であり特に厳重な構えが要求される。戦国時代以降、道を曲げて直進を防ぐこと、防御と攻撃の特別

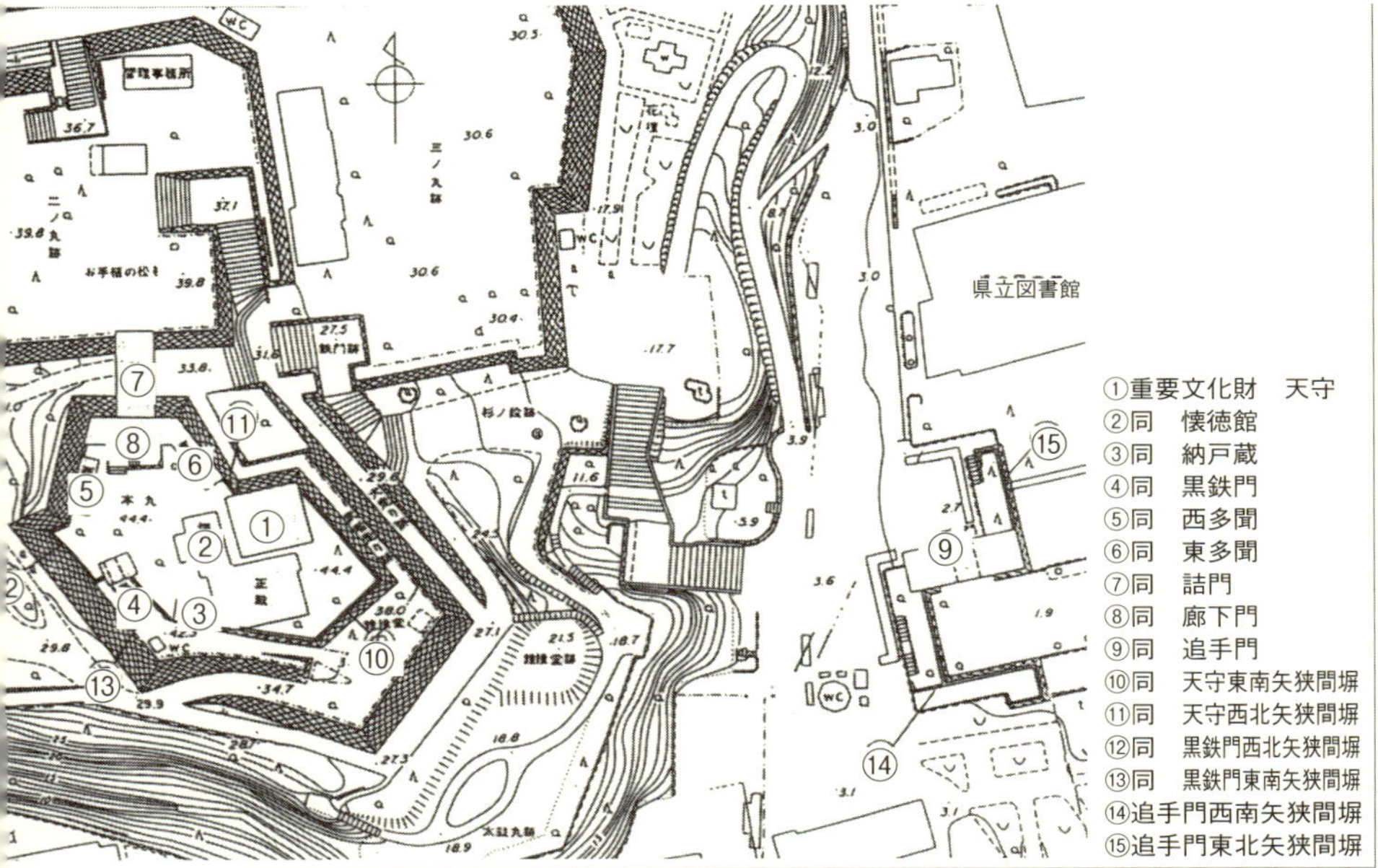

の空間、虎口空間（升形）を設けるというふたつの方法の組み合わせにより厳重な構えが発達してきた。高知城も開き口を東に向け、追手門西側より南へ一二間、それより東に折れて一三間、さらに南に折れて三間、高さは二間半、厚さも二間半の石垣。さらに追手門の東より北へ続く石垣は長さ一五間、高さ三間、厚さ二間半の石垣が積まれている（数値は山本淳『土佐美術史』）。

追手門は、この石垣を袖石垣として、天守その他の建物に比べ雄大で安定感を誇って建っている。

入母屋屋根の棟にも反りをもたせ、鬼瓦も鯱も置く。利根瓦の下にも鬼瓦を置き、降り棟が二本並ぶ珍しい工法は、軒端が強く反りあがる土佐独特の本木投げの工法と調和がとれて美しい。眉をえぐった破風板と蕪懸魚に木連格子、それらがすべて漆喰の塗籠、その白さは黒い竪板張りの下見板に映えてより白く感じる。正面七間の出桁に設けられた石落しの装置は、全国的にも珍しい。扉は頑丈な鉄製の肘壺三個で吊るされた内開きの城特有の手法である。乳金物や八双らの装飾金具も扉の美と堅牢さを示している。

枡形の石垣上の土塀も、本丸の土塀と対比される。本丸を囲む土塀とは構造形式は同じでも外観が異なる。本丸はすべて総塗籠であるのに対し、追手門は下見板張りである。その理由はともかく、一般に下見板張りは横張りであるのが、高知城は竪張りになっているのもまた特異な工法である。

追手門石垣

③

城下町の成立と広がり

城を中心とする郭中に武士は住み、奉公人や町民が周囲を固める。
兵農分離は完成し武士と町人の居住する封建都市が完成する。
町の名は身分や職業、そこに住む人々のふる里を伝える。

高知城下町の形成

山内氏は築城と同時に城下町をつくった。いうまでもなく城下町は、身分・職能による居住域の分離を前提としてのものであった。潮江川に平行に東西に広がり、東西二八町、南北八町の広さといわれる。城を中心に家臣団の町である郭中を置き、その東、潮江川の下流側に商人や職人町として下町（東町）、そして郭中の西には武士を支える足軽や武家奉公人の町として、上町（西町）を置いた。それぞれの町境は身分の境界として堀や土手をもって充てた。

郭中は河中山城（高知城）を中心に北は江の口川、南は潮江川、東は廿代橋から堀詰・松淵に至る線、西は現在の城西公園西側の江の口川から升形、金子橋のラインを四方の限界とした。ここが家老・中老・馬廻り・小姓組や留守居組といわれるいわゆる上士たちの居住区である。

郭中の幹線道路は、東西の道を「筋」と呼び、南北の道を「通」として整然と町割りされていた。東西の追手筋・帯屋町筋・本町筋、南北の中ノ橋通・大橋通などで、高知の郭中の道路は、直線的に整備され、ほかの城下町で見られるようなL字に曲がる鉤道や袋小路は極めて少ない。

郭内には永国寺町、帯屋町、本町、中島町、片町、蛤町、鷹匠町、八軒町、与力町などがあった。

追手筋は藩の儀礼上の表通りで家老・中老や藩主の一族（御連子）の屋敷や、北会所（各奉行の役所）などがあった。参勤交代の列もここを通って山田橋にぬけた。

本町筋は城下経営の基本道路として郭中を貫き、道の中心部には筆頭家老深尾家や、譜代の家老五藤家の屋敷が並び、恒例の正月の御駆初めの時は藩主が深尾邸内の櫓に登って、乗出しから堀詰まで騎走する藩士を閲兵した。

南北の大通りの大橋通には、南に藩主の墓所のある真如寺山に参詣のために架けられた真如寺橋があった。これは潮江方面への郭中唯一の橋であった。

また中ノ橋通は、北の江の口方面への幹線道であったが、南は中島町で行き止まりであった。

郭中（『高知城下町読本』より）

下町は藩主や武士の消費生活を満足させる町づくりである。郭中に近い場所に出身地を示す掛川町や堺町・京町があった。掛川町は山内氏入国の際、遠州掛川からつれてきた職人たちに由来する町で、大工頭や鍛冶頭、研ぎ師、鐔師や鞘師、鉄砲鍛冶・金具師など、藩から扶持を給された職人の町として機能し、その技は土佐に伝えられた。京町は京都から井筒屋宗泉が来て、呉服商の店を開き藩の御用商人となったことに由来する町であり、堺町は泉州堺からの呉服商に由来する町で、享保二十年（一七三五）から五年間はこの町以外での反物呉服の商いは藩から禁止されるなど、京町と並び特権的な扱いも受けた町である。

これらの町の近くに、のちに惣年寄の役にもつく御用商人の播磨屋や櫃屋も住んでいた。有名なはりまや橋は、当初は両家を往来するための私橋として架橋され、のちに公道となったものである。

長宗我部元親がこの地に城を構えた時につくった市町である山田町・新市町（岡豊）も吸収して、在郷の町人たちの住む種崎町・浦戸町・弘岡町・唐人町・朝倉町・蓮池町なども立ち上げられた。このほか細工町、紺屋町、八百屋町、材木町など武家に日用品を供給する商工業者たちの集住する居住地もできた。また寛永二年（一六二五）には下知村の外輪堤ができ、堤内を藩の御手先農民に耕作させたが、その農民に長屋を貸与して住まわせる農人町ができ、さらに潮田に新町を開いて、田淵町、南新町、中新町、北新町、鉄砲町の五カ村も成立した。

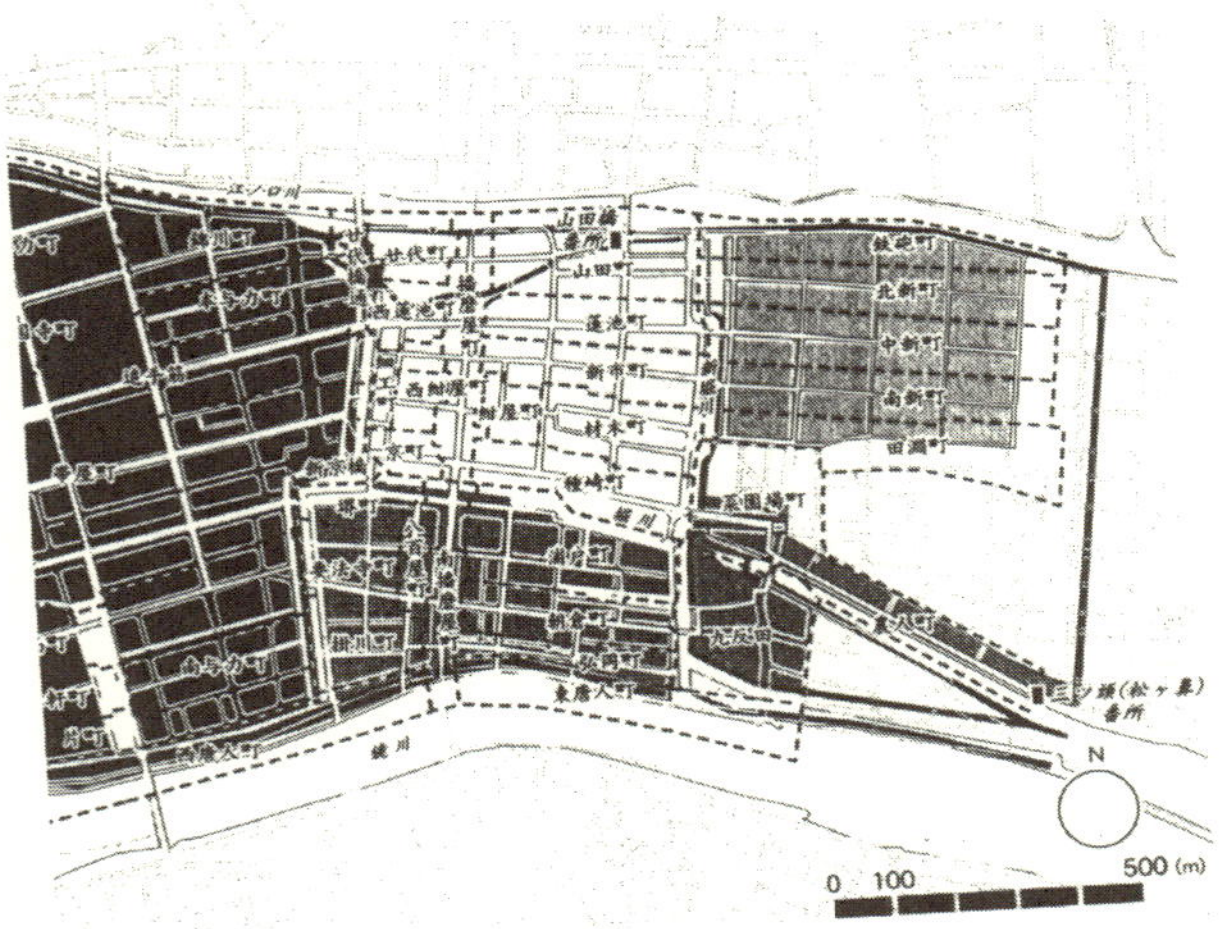

下町・新町（『高知城下町読本』より）

上町には武家に召し使われる奉公人が数多く住む北奉公人町と南奉公人町が設けられた。南と北の奉公人町に挟まれて北から本丁筋、水通町、通町がある。

上町は下町より町づくりの時期は遅れたが、整然とした町通りである。これは慶安二年（一六四九）野中兼山が町割りを行ったものである。

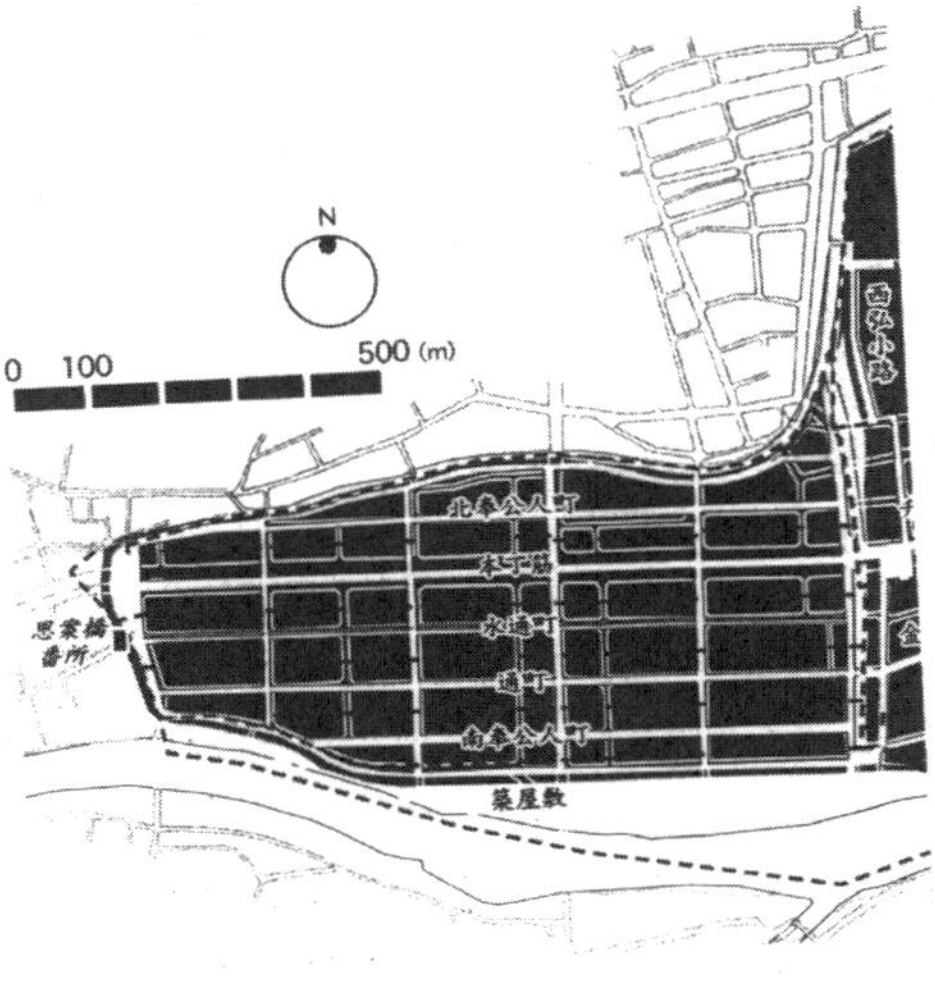

上町（『高知城下町読本』より）

下町散策

こうして山内氏入国以来建設された城下町は次第に整備拡充され、寛文期（一六六一〜七三）に至って一応完成したとみられている。当時の規模として、郭中の一三の町と、上町・下町の二八の町を合わせて四一の町が存在している。そして家数は町家が二一八五軒、侍屋敷が四三三軒で合計二六一八軒であり、推定人口は二万人（高知市教育委員会『高知城下町読本』）という封建都市が十七世紀なかばに成立したことになる。

高知城下町散策

高知の松《まつ》が鼻《はな》　番所《ばんしょ》を西へ行く
農人町《のうにんまち》　菜園場《さえんば》　新堀《しんぼり》　魚棚《うおのたな》
紺屋町《こんやまち》　種崎《たねざき》町うちすぎて

京町《きょうまち》行くと　はや会所《かいしょ》が建っている
ほどなく使者屋《ししゃや》をうちこして堺町
本町八丁《ほんまちはっちょう》通します
そこらで升形一丁　二丁　三丁　四丁
五丁目の観音堂でおさめた

「高知の街づくし唄」、あるいは「高知廻り歌」と言われ古くから歌われている。この歌にそって高知城下町を散策しよう。

高知の城下町の東端三ツ頭から、西端の思案橋までの町名を謡いこんだものである。歌にそって東から西に城下を歩くことにしよう。

東の端三ツ頭には船着場があり城下町の東玄関であった。堤には松並木があったことから松ケ鼻ともよばれた。ここには高知城下の三番所の一つである三ツ頭番所と高札場が置かれた。

そこから西に行くと農人町、ここは寛永二年（一六二五）城下の東外側の下知村に外輪堤を築き、その内側を御手先農民に耕作させ、その農民たちが居住しそのまま農人町となった。

続く菜園場はもと藩主の菜園所があった。寛永年間には北の新町、東の農人町が開発され、西に木屋橋ができ種崎町に通じ、南の九反田へは大鋸屋橋でつなが

り、菜園場は商人町として発展し城下の東の中心地の一つになった。

新堀は寛永二年付近の商人たちが、東の横堀から町の中央部まで新しい堀を開削した。それにちなんで新堀と名付け、この開削に携わった商人たちに、それに対する給付として藩から材木販売の特権が与えられ、ここに材木町が誕生する。魚棚《うおのたな》は材木町の西隣、種崎町から細工町に通じる横街で、高知城下で水産物の小売りが認められた場所である。城下町で初めて日覆いが許された場所でもある。

続いて紺屋町に入るが、ここは城下町建設当時に曾我六兵衛ほかの紺屋が何人か住んでいたのに始まる町である。郭中の帯屋町筋から東の土橋を渡って二筋目の町という地の利から、江戸時代を通じて、綿屋や糸屋、呉服問屋など繊維関係の大店が多かった。

種崎町は城下町建設の時からの古町七町と呼ばれる一つで、長岡郡種崎浦から水主や商人などを移住させた所である。南隣には吾川郡浦戸町から同じように水主や商人などを移住させた浦戸町がある。両町の間の堀川と東の横堀から浦戸湾へ通ずる水運の表玄関でもあった。

種崎町を通り過ぎれば京町、江戸時代初め京都から井筒屋宗泉が来て呉服商の店を開いて、藩御用商人となって繁栄した。町筋には呉服商や小間物屋が軒を連ね城下で最も華やかな町として栄えた。

「高知下町浦戸湾風俗絵巻」より（堀詰・御町会所・播磨屋橋付近。高知市民図書館蔵）

寛文元年町の西詰めに他藩などからの使者の供応所である御使者屋が建てられた。それがのちに藩の役所である町会所となった。堀川に架かる使者屋橋を京町側から渡ると右手に堀川終点の船着場が見える。橋を渡ると堺町である。

城下町建設初期に泉州堺から来た呉服商が店を開いた。その後も呉服商が軒を連ね、京町と並び特権的な扱いを受けた。

ここから西は郭中で、本町は城下経営の基本となる町筋である。東の堀詰から西の升形まで郭中を貫く形で造られた。すでに長宗我部元親が高知に城下町を構えたときその原型はできていたといわれる。大身の武家屋敷町でもある。土佐藩恒例の正月十一日の御駆初めの時には武士が騎走した町筋でもある。

本町八丁を通り抜けると、郭中の西の玄関として升形がつくられた。御駆初めの時には武士の集合場所であり、すぐ隣の乗出しが出発点であった。

そこから西は上町、道は西に延び、江戸時代は上町本町と言われていたが、明治に入り高知街本町との混同を避けるため、本町に続く通りという意味で本町筋、昭和になって本丁筋となった。思案橋は城下経営の基本道路で、西端の思案橋は広小路になっており番所もあり、升形から思案橋まで五丁に区切られていた。伊予からの街道はこの思案橋から高知城下に入る。郭中への道は、本町、通町、水通町の三本の道筋があった。思案橋はどの道から郭中に入ろうか思案したから名付けられた橋である。この橋の西側に観音堂があった。歌はここで納めるが、その観音堂は、幕末、吉田東洋を暗殺した土佐勤王党の那須信吾らが、ここで待っていた仲間に東洋の首を渡して脱藩したと伝えられる場所である。

高知城下を東から西端まで町名を歌いこんだ「街づくし唄」は、いまでも三味線の音にのせて歌われる。

高知城下の定期市

城下町は政治都市であり藩の封建的経済の拠点であったことはいうまでもない。そのため当然のことながら厳しい統制下に置かれ、藩の権力と結びついた一部特権商人に支配されていた。こうした城下町も時とともに人口も増加し、城下に近郊農村からの特産物なども入り、整備も進み拡大もされてくる。さらに街路市も開かれ定期市が誕生し繁栄するようになってくる。

街路市がいつから始まっていたかは不明であが、本格的に認めた法令は、元禄三年（一六九〇）の「大定目」の「市町定」である。これによると「市日は毎月二日、十七日、朝倉町。七日、二十二日、蓮池町。十二日、二十七日、新市町」と定められている。「この定日は先規の通り」ともあるので、この時期まで慣習的に行われていた定期市が法令で公認されたことになる。

元禄七年になると、一カ月のうちに十日も城下町のどこかで街路市が開かれる

現在の日曜市

ように発展している。しかし当時の街路市の内容についてそれを伝える史料がない。ただこの時期城下町の近郊農村でも農産物の商品化が進み、各地に特産物ができ、城下町の需要に応じるようになったことは事実である。『土佐州郡志』によると、近郊農村である石立村や江の口村では野菜が、土佐山郷では薪や茶、茅が、そして布師田村は松茸、鯉、鮒、久万村は寝蓙、奈路村は檜笠や箕、薬草類に炭などの産出が記載されている。これらの特産物は城下町の需要に応ずるために作り出されたものであろう。

その後開催の日割りの変更はあったが、市は存続され現在観光資源にもなっている日曜市へ変遷してくる。

この日曜市は明治九年（一八七六）まで本町で開かれていたが、明治三十六年本町に電車が開通したため、翌年に帯屋町に移転した。一時戦争はこの市の姿を消したが、昭和二十三年（一九四八）、追手筋に復活し現在に至っている。また他の曜市も多少の変遷は経ながら現在も市内の各地で行われている。

高知城下の水防

新しい城下町の経営にあたって、常に繰り返された潮江川の洪水防止の策は極めて重要なことであった。記録に残る代表的な大洪水だけでも平均十年に一回の

明治10年頃の日曜市

記録が残る。それに加え、小さい風水害はさらに回を重ねたであろうから、洪水の予防や水害対策には格別の努力が必要であった。

こうした水害から城下を守るために、築城奉行の百々越前守は、城下の西端である上町の思案橋から、東端にあたる下町の雑喉場越戸《ざこばこえと》まで大堤防を構築して城下を囲んだ。土手の高さは、郭中・上町区間は一間三尺（二・八メートル）、下町は一間一尺（二・二メートル）である。さらに郭中部分はその外側を、対岸の神田川からの水流を防ぐために、郭中堤防で補強し、また西側の升形の外堀沿いには、升形堤防、上町四丁目に上町堤防を築いて万全を期した。こうした土木工事は、寛文期の初め（一六六二）にはすべてが完成している。

また北の江の口川にも、上流から下流まで高さ一間三尺（二・八メートル）から四尺（一・二メートル）の堤防を築いた。また、寛永二年（一六二五）には城下の最も東端に南北方向の外輪堤を築いた。これは宝永地震で壊れたがすぐに補強して、宝永堤とした。現在の鏡川大橋から北への幹線道路にあたる地点である。

洪水の時の警備体制も整える必要があった。この災害防止のため「水丁場」が設けられた。鏡川堤防に、上町の観音堂から下町の雑喉場までを一二区画に分け、丁場を示す石標が建てられた。水丁場には水防受け持ち区画を示す「従是東□□ノ丁場・従是西□□ノ丁場」と記された石柱が建てられた。石柱は現在も三本残っている。そして金子橋越戸と、掛川町越戸には水防蔵が設けられ水防用具が保

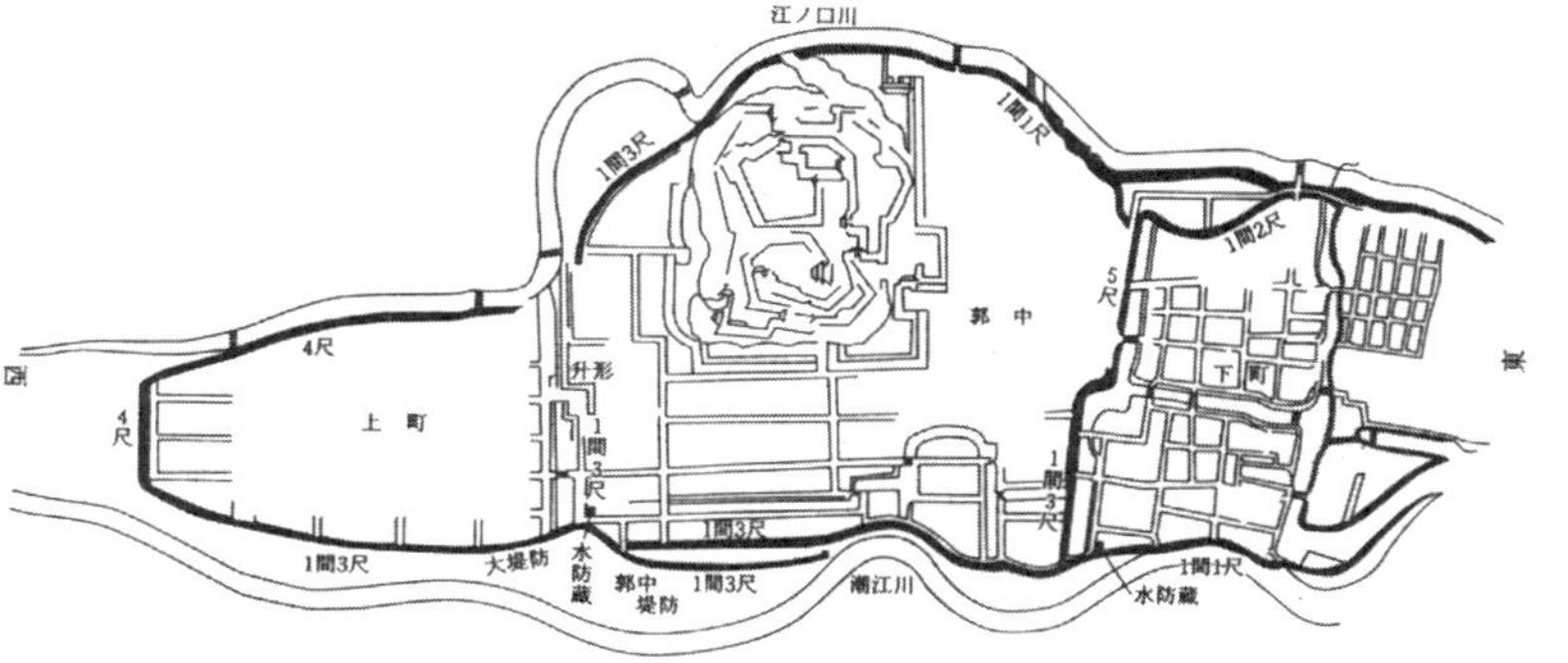

城下町と堤防。黒の太線が堤防（『高知城下町読本』より）

管された。

水防組は官民一体となって編成されており、増水時にはお城の鐘楼からの鐘の合図で武士も町人も定められた持ち場である水丁場へ出動する義務が課せられていた。水丁場には目盛りを記した標木もあって、増水程度をはかり、程度に応じて出動も加減されたという。

寛文一二年頃の水丁場受け持ちの組名・場所・担当庄屋は次のように定められていた。

一之明組	観音堂	人夫三十人	水通町庄屋
二之明組	南奉公人町四丁目越戸	人夫三十人	通町庄屋
三之明組	南奉公人町三丁目越戸	人夫三十人	本町庄屋
山内庄三郎組	南奉公人町一丁目越戸	人夫三十人	堺町庄屋
深尾丹波組	御馬場西越戸	人夫三十人	蓮池町庄屋
桐間兵庫組	馬場ノ内越戸	人夫三十人	浦戸町庄屋
山内左衛門組	御馬場東越戸	人夫三十人	細工町庄屋
柴田織部組	真如寺橋越戸	人夫三十人	新市町庄屋
福岡孫十郎組	掛川町越戸	人夫三十人	掛川町庄屋
山内伊織組	弘岡町西越戸	人夫三十人	朝倉町庄屋
五藤内蔵助組	弘岡町東越戸	人夫三十人	種崎町庄屋

水丁場標柱

鏡川大堤防
（『高知城下町読本』より）

御留守居組

御町方　雑喉場越戸　人夫十人　廿代町庄屋

御普請方　新町　人夫十人　新町庄屋

御普請方　農人町　人夫十人　農人町庄屋

「御火消」と「町火消」

火事は江戸の花といわれ、江戸の火事は多かったようであるが、高知でも決して少ないほうではなかった。大火とされているだけでも、元禄十一年（一六九八）十月六日の大火、享保十二年（一七二七）二月朔日の大火をはじめ、大火と言われるものが一三〜四件も記録に残り、二十年に一回は罹災しているが、小火災も含めると相当な損害が考えられる。防火体制や設備の充実も怠ることができなかった。

城下の消防組には官設の「御火消」が二組と、町方自治隊編成の「町火消」が三組あった。元禄元年九月に制定された組織をみると「御火消」は細工町と水通町にあって、人数はそれぞれ六五人体制で、細工町は無地梯子の手拭いを、水通町は白黒の横筋を染めた手拭いを鉢巻きにし、それぞれ町付きの幟も立て双方を区別した。人夫は六五人のうち、三〇人が水籠、釣瓶を担当し、残り三五人が鳶口、熊手、梯子などの小道具持ちであった。

「町火消」は北、南、西の三組に分かれ、北組は白地へ紺で北組と染め抜き、南組は薄浅黄地に紺で南組と、西組は紺地へ白く西組と染め抜いた六尺四方の正方形の大幟で区別し士気を高めた。

各組とも人数は二六〇人であるが、それを折半して一三〇人ずつ、鳶口、熊手、梯子など小道具をもつ「家役」と、水籠《みずご》、水溜《みずだめ》、釣瓶《つるべ》を携える「水役」に区分した。家役と水役は町ごとに分担し、おのおの二尺五寸五分平方の小幟に所属の組と、「家役」「水役」と書いて旗章としていた。北組は蓮池町と新町が家役で、種崎町と新市町が水役、南組は農人町と浦戸町が家役で掛川町と朝倉町が水役であった。

それぞれに連携し役を分担して、消火に万全を期した様子を知ることができる。

消火用の手押しポンプ「龍土水」

④ 歴代藩主

土佐の殿様一六人。夫人の美談、美髯が自慢、酒豪、排酒、若くして逝った殿様、そして名君といわれた殿様、近世土佐の歴史はこの人たちによってはこばれていく。

初代一豊、二代忠義、三代忠豊

初代一豊《かつとよ》〔天文十五年（一五四六）～慶長十年（一六〇五）〕は永禄十年（一五六七）二十三歳の頃から秀吉に仕え、武功を積んで、天正十三年近江長浜二万石の大名となった。五年後の「小田原攻め」の後、遠州掛川五万九千石の城主となり、関ヶ原の戦いでは東軍に属し、戦後土佐一国を与えられた。妻が鏡箱から黄金一〇両を出し名馬を買った話や、関ヶ原の戦いで、夫人とともに家康に尽くした功で土佐の国主となったなどと話題は多い。

土佐では国主交代という変動の中で民心の動揺に配慮しながら藩政確立をめざしたが、五年余の国主で急逝した。

二代忠義《ただよし》〔天正十五年（一五九二）～寛文四年（一六六四）〕は、一豊に子がなか

初代山内一豊
（藩主肖像はすべて土佐山内家宝物資料館蔵）

一豊の墓所

ったため一豊の弟、康豊の子忠義が、一豊の養子になり、二代藩主となった。藩主襲封時は幼少だったため、実父を後見人に藩政を処理していった。のちに、野中兼山を重用し革新的な政治を行い、土佐藩政の基礎を築き、家康の養女阿姫を妻に迎え徳川家との関係も固めた。

身長は六尺ばかりで堂々とした体格は力強く関取を思わせた。本人も大の相撲ファンで土佐相撲の恩人でもある。また忠義の美髭は有名である。髭先は上方に跳ね上がり鎌髭と呼ばれ自慢の髭で、自分の髭にまさるとみられる髭を見ると、身の置き場がないほど嫉妬の炎を燃やし激しい敵愾心を見せたという。彼の酒豪ぶりも十五代藩主容堂とよく比べられて有名である。毎晩次々と側近を呼んで酒の相手を申しつけ、酔えばわがままな癇癖もでたらしい。なかでも二条城での饗宴でしたたか酔い、夏の真昼に大肌ぬいで駕籠の上にまたがり、渋団扇で扇ぎながら京の街を罷り通った光景は京童を驚かせた。「笑えば斬るぞ」と言うのでみな最敬礼でこの奇怪な行列を拝んだという（『流沢遺事』）。

三代忠豊《ただとよ》（慶長十四（一六〇九）～寛文九（一六六九））は、忠義の信頼した野中兼山の施政を好まず、寛文三年兼山を失脚させ、「寛文の改替」を断行した。商業の自由、賦課の軽減、課役の免除などの改革的施政は成功した。父忠義の治世が長かったため政権の座を受け継いだのは忠豊四十八歳であった。しかしその後も忠義は大御所として十年近くは実権を握った。寛文四年忠義の死によって政権

二代忠義

三代忠豊

は握るが、施政五年にして父のあとを追った。しかし忠豊の治世は兼山の失脚や「寛文の改替」など重大事件が重なる波乱の時であり、施政期間は短かったが土佐藩にとっては重要な時期であり、土佐藩政の一時代を画した。

四代豊昌、五代豊房、六代豊隆

四代豊昌《とよまさ》は〔寛永十八年（一六四一）〜元禄十三年（一七〇〇）〕は、武術を好み藩士に常に武技を鍛錬させた。学問については自らはあまり好まなかったといわれるが、兼山失脚後、南学の四散による土佐学問の衰微を懸念して、伊藤仁斎門下の緒方宗哲を召し抱えたり、秀才少年を京都に遊学させる面もあった。元禄三年には「元禄大定目《だいじょうもく》」を制定し、藩の法令を整理し藩政に規準を設け政治体制を整えた。

　この豊昌は能道楽と食道楽の藩主として名高い。乗馬や鷹狩りなどを道楽とした過去三代とは異なっていた。しかし能道楽は藩の財政を減らし、食道楽は世の嘲笑を買ったという。また厳しい禁酒家であり排酒家としても有名である。自分だけではなく側近にも禁酒を強要した。非番の晩に側近を緊急召集し、息づかいで酒の臭みをかぎ出そうとしたというからただごとではない。小姓の松下源四郎などは二回も夜間の臨時呼集を受け、飲酒の罰で耳の垢ほりを申しつかったとい

四代豊昌

う。

五代豊房《とよふさ》〔寛文十二年（一六七二）～宝永三年（一七〇六）〕は、仁政の藩主と伝えられる。谷秦山《たにしんざん》を起用し藩士に講義させるなど、土佐藩における仁政思想を基本とする文治政治を行った。施政は七年と短かったが、干ばつ、洪水、台風、火災などの災害が相次いだ。それらに伴う財政難は急迫し、苦難の道を歩んだ藩主でもあった。

元禄三年、十八歳で豊昌の娘国姫の婿養子として、武州指扇三千石から本家に迎えられた。しかし国姫は一子もあげず四年にして病死した。元禄十五年には松平伊予守綱政の娘を娶ったが、今度は四年目に豊房が死んだ。和歌や書道、絵画、蹴鞠という公家風の教養も身につけた藩主であった。天災相次ぐ中で、「これはわれ一人の罪なり、わが政正しからざるにより天われを罰し賜うなり。もしわが力にて救済叶わざれば、われ一人のゆえに幾万の生命を失わんこと、これ滔天の悪を重ぬるものなれば、潔く領国を返上し天下の力にて救済の素願を遂げ断じて蒼生を飢えしめず」と責を一身に負うという人柄でもあった。

豊房には子がなく、三十五歳の若さで逝ったため死後の養子など思いもおよばなかったであろう。豊房が危篤に陥って養子願いの急使が土佐を発つ始末であった。このため弟の豊隆が継ぐことになった。

六代豊隆《とよたか》〔延宝元年（一六七三）～享保五年（一七二〇）〕は、土佐藩空前の災害

五代豊房

六代豊隆

という宝永地震の災害処理対策などに不熱心で後世の批判は多い。ただ藩全体としては地震処理を中心に、借地、御蔵紙制などのちの藩政の基調となる施政などについては、藩主個人の評価とは別に「宝永の改革」として、繁栄した元禄後の藩政渋滞に新風を吹き込んだと評価されている。

七代豊常、八代豊敷、九代豊雍、十代豊策、十一代豊興、十二代豊資

七代豊常《とよつね》〔正徳元年(一七一一)～享保十年(一七二五)〕は十歳で襲封した。少年殿様であるが逸話は多い。お国入りに際し江戸から国元に指令を送った。それは従来藩主が城下を通行する際には、庶民の通行は遮断される。これは庶民にとって迷惑千万である。今後は民の通行を禁止してはいけない。また藩主が通行の時には庶民は土下座する風習があるようだが、これは卑屈につき今後はこのような陋習は廃止して、うららかに出迎えること。また諸侍初見参の時にも頭を下げ通すことなく、面と面を合わせて見参するように、というのである。少年藩主自身の発案かどうかはわからないが、若き藩主の既成社会に対する反抗か、月並みな殿様ではないとみな驚いたという。幕府では享保の改革の進行中であり、倹約を主張し家臣を困らせたというエピソードもある。勉学にも努め将来を期待されたが十五歳で早世した。

七代豊常

八代豊敷《とよのぶ》〔正徳二年（一七一二）～明和四年（一七六七）〕は、好学の藩主であり歌人としても聞こえた。藩校教授館の創設や、宮地静軒や谷垣守らを起用し南学の伝統を守った。追手門外に訴訟箱を置き士民の意見も聞いた。しかし高知城の大火や稲の害虫の大発生や飢饉が続き、宝暦以後は商品流通に寄生を強め、商人資本と関係を深めていった。土佐藩における「田沼時代」といわれる時世でもあった。

九代豊雍《とよちか》〔寛延三年（一七五〇）～寛政元年（一七八九）〕は、藩主のなかでも名君の一人と言われる。知性豊かで仁徳はすぐれ、純情な歌人であり、土佐藩政中興の英主とも讃えられる。しかし天明の飢饉による餓死者の続出、池川、名野川の農民の伊予逃散、城下と周辺農村での打ちこわしと領内は混乱した。こうした治政の中で財政緊縮を命じ、谷真潮ら教授館グループを起用し政治改革を行った。問屋制を廃止し、五人組強化など農村再建のため「天明の改革」も断行した。晩年は病床にふしたが、常に国政を気にかけた。「東郡は参勤出府の往復にも通行の道順となるが、西郡へは代々の藩主誰一人として巡行した者はない。先年来心痛めていた幡多郡の風水害の始末はどうなったであろう。池川・用居の民情は落ち着いたであろうか。それもこの目で見、耳で聞きたい。今年やっと切り抜けた財政にも多少の余裕は生じたから、窮民救済の銀米をもって西郡の辺境の民に施したい」と馬詰親音《うまづめもとね》に指示したり、側近にも誰彼となく指図したという。四十歳

八代豊敷

で不帰の人となった。

十代豊策《とよかず》〔安永二年（一七七三）〜文政八年（一八二五）〕は、豊雍の天明の改革の方針に概ね沿ったものであった。天明の改革に活躍した馬詰親音を教授館頭取に、また町奉行に起用し、彼の才能を用い崩れようとする天明の改革の姿勢維持に努力した。三十六歳で子豊興に政権を譲った。

十一代豊興《とよおき》〔寛政五年（一七九三）〜文化六年（一八〇九）〕は、在位一年余、十七歳で死去した。

十二代豊資《とよすけ》〔寛政六年（一七九四）〜明治五年（一八七二）〕は、施政三十五年の藩主であった。専売制の強化や領内開発を進めたが、華美を好み土佐藩の「化政期」を現出したとも言われる。

十三代豊熙、十四代豊惇、十五代豊信、十六代豊範

十三代豊熙《とよてる》〔文化十二年（一八一五）〜嘉永元年（一八四八）〕は、幼少の頃から才気すぐれた藩主とされ、第二の豊雍出現とまで言われた。夫人は島津斉彬の妹である。勘定方に馬淵嘉平を起用し、教授館の機能を強化し藩士教育を充実させた。武芸も重んじ西洋砲術にも関心があった。遊惰安逸を退け、「天保の改革」を実行した。経済政策では問屋制——専売制に制限を加え、藩の商品生産に依存する

参勤交代鷹匠と藩主乗り物

ことを抑制した。

また好学の藩主としても九代豊雍と並び称された。書画にも和歌にも秀で、文章も達者で漢文で群臣に諭告したともいう。また側近に聞かせた少年時代の回顧談の一節に「吾等はじめて鹿狩りに行きしが、吾等の射たる矢悉く徒矢なりしに、吾等の矢にいられし獲物なりとて、一頭の大鹿が眼前に担ぎ込まれしには呆れたり。下々より拵えごととして吾等を慰める心ならんも、つらつら思えば危なきことなり」と述懐もする藩主であった。

弘化四年（一八四七）十月の東郡巡視がお国での最後の旅で、翌嘉永元年三月には参勤出府したが、五月中旬より脚気を患い、六月十六日、三十四歳で死した。わずか五年という短い施政であった。

十四代豊惇《とよあつ》〔文政七年（一八二四）～嘉永元年（一八四八）〕は、実兄豊熙に実子がなかったので跡を継いだが、その直後急死した。在位十三日の二十六歳の藩主であった。

十五代豊信《とよしげ》（号★・容堂《ようどう》）〔文政十年（一八二七）～明治五年（一八七二）〕は、幕末の名君といわれた。土佐歴代の藩主を代表する藩主であった（別項で詳細述べる）。

十六代豊範《とよのり》〔弘化三年（一八四六）～明治十九年（一八八六）〕は、豊信が安政の大獄で隠居閉門を命ぜられたので交代した。十四歳であった。尊王攘夷論と公武

▼**号**
本名以外につける呼び名。

十五代豊信

合体論の対立する中で藩政にあたった。京都警備・国事周旋の朝命で、勅使東下の際は五〇〇〇の藩兵を率いて警護の任についた。航海、勧業貨殖の政策を進め、文武館開設など藩政の刷新にも尽力した。戊辰戦争には薩摩・長州とともに官軍の主力となり明治二年には薩長肥の三藩主と連名で版籍奉還を建策し、四年には廃藩置県を提議するなど歴史的意義深い施策に参画した。

十六代豊範

⑤ 上士と下士

「上士」のお侍は山内氏随従の旧臣と、新たに召し抱えられたわずかの浪人。
土着の土佐人は信任されず「下士」にとどまり差別は歴然とする。
上士・下士の対立は幕末諸々の事件となって表面化、下士たちの動きは活発化する。

「おさむらい」と軽格

土佐藩での階級的身分制は、関ヶ原の戦いでの西軍の敗北と、長宗我部氏の滅亡から始まる。滅亡した長宗我部氏の家臣たちのうち、家老級の者などには国外に出て仕官の道を求める者もあったが、長宗我部軍勢の中核であった九〇〇〇人に及ぶ一領具足たちは、新国主山内氏に長宗我部氏のために土佐半国、かなわねば二郡でも一郡でも残してほしいと、浦戸一揆であるいは滝山一揆で抵抗した。しかしいずれもはかない抵抗に終わり、ごく一部を除いて山内家に召し抱えられることはほとんどなく、好むと好まざるとにかかわらず、「百姓並」となって帰農するより以外に道はなかった。

封建制の中では、士農工商の職分による身分制はどこの藩でも厳しいものであった。土佐藩の場合、藩主をのぞいて士分は家老・中老・馬廻り・小姓組・留守居組の五等級で、これを士格または上士とした。通称「おさむらい」と呼ばれた上層階層であり、体面や品位を保持するために日常生活にまでいろいろの規制があった。

これに対し軽格または下士と称されるものには、郷士・用人・徒士《かち》（徒行）・組外・足軽・武家奉公人等の階層があった。これに加えてのちには下士の上層を優遇するために上士と下士との間に白札という階層ができた。武市《たけち》瑞山《ずいざん》や鹿持雅澄家などはこの階層であった。ある時期にはこれらがさらに分化して、煩雑な時期もあったが、この身分階級は藩政期を通じて原則的なものであった。

上士と下士はすべての面で明確に区分されており、『維新土佐勤王史』はこの状態を端的に説明している。「当初山内家の藩祖、主客勢を異にする所あるを以て、その征服したる土着の州人を信任する能はず。即ち遠州掛川より随従の旧臣と、新たに召抱へたる諸国の浪人を以て上士とし、之を高知城下の郭中に集中し、軍事及び政務に専任せしめ、その他は悉皆下士と称す。土着の土佐人を採用するも、ただ器械的雑役に駆使したるのみ。故に下士中に非常の人材生ずるも、その上士に抜擢せらるるが如きは、夢想だにも及ばざる運命にして、下士中には姓氏を公称する事すら之を許さざる者あり」というのである。

従事する職務も、その居住地も定められていた。上士の住宅街は城下の郭中で、城を中心に、城に最も近い所に家老、ついで中老から馬廻りへと同心円的に広がって住居が構えられた。城西の上町には奉公人町の地名があるように下士が、堀詰から東の下町には町人が住み、郭中の上士たちの日常生活を支えていた。のちには江の口川北岸の大川筋にも上士の居住地が広がり、寛永十三年（一六三六）には、町人町の東部に開かれた新町にも下士が住むようになった。鉄砲町は鉄砲足軽の居住地であり、幕末には武市瑞山が新町田淵に道場を構えた。

衣服履物の区別

上士と下士、特に上士と郷士との対立はいろいろのところでいろいろの悶着をひきおこした。野中兼山に取り立てられた頃の郷士は、毎年正月には、高知城内三の丸の上段で、上士と同様に藩主への謁見が許されていたが、時代も下り郷士の数も増加してくると、混雑するうえ上士と衝突する可能性もあるとして謁見の日が繰り下げられたり、遠方や山間部の郷士は不作法であるとの理由で上段から下段に変更もされた。郷士たちの気持ちがいいはずはない。

衣服や生活様式についても区別された。天和三年（一六八三）には「郷士・用人・徒士之夫婦、上着下着共木綿、但持来日野紬之垢服下着には免之。帯は夫婦共木綿、絹袖、並胴服裏付上下は表裏共木綿可用之事」と定められており、明和

「差木履踏候儀一切停止之事」「雨天之節挽下駄踏候儀被免置候面々、挽下駄高く付間敷事」

九年（一七七二）には「さしぼくり」なども一切禁止されるなど履物に至るまで制限し、さらに郭中では一時日笠の使用までも禁止された。そしてこれらの規則に背かぬよう常に心がけ、上士に対しては慇懃を尽くし、粗略無礼のないようにと繰り返し布告も出された。こうした厳しく区別される状態であれば、ちょっとしたきっかけで起こったことが大事に発展することもしばしばであった。例えば郷士高村退吾の斬殺事件もその一つである。それは寛政九年（一七九七）二月九日の夜のことであった。大川筋の馬廻り井上左馬之進の家で酒宴が開かれていた。その最中に、長岡郡廿枝村（現南国市）の郷士高村退吾が、井上左馬之進の刀を酷評した。そのため井上左馬之進は高村退吾を無礼打ちした。事件後の処分で井上左馬之進は「沙汰に及ばず」として「以後注意すべし」であったにもかかわらず、高村退吾は上士に無礼をはたらいたとしてお家断絶の処置であった。郷士たちの激怒は当然であり団結して藩に迫った。結果は井上左馬之進の士籍剝奪、そして仁淀川以西追放という処分で事件は終結した。

対立は刃傷事件まで

上士と下士の対立が激化する幕末に、両者の対立を浮き彫りにした刃傷事件もあった。それは文久元年（一八六一）三月四日の夜のことであった。事件は高知城西の井口村永福寺門前で起こった。上士の山田廣衛は、茶道方の益永繁斎と知人小野藤丞の家の祝宴で泥酔し帰宅途中、永福寺門前で軽格（下士）の徒士中平忠次郎に突き当たった。中平忠次郎はわびたが山田廣衛はその場で無礼打ちにした。中平忠次郎に同行していた宇賀喜久馬は、小高坂に住む中平忠次郎の兄池田虎之進に急を告げた。池田虎之進は現場に駆けつけ、小川で水を飲んでいた山田廣衛を斬り、益永繁斎も斬殺した。事件を知った上士たちの一団は山田廣衛邸に集結した。また中平忠次郎の家には大石弥太郎や門田為之助など下士の人々が集合して一触即発の危機を迎えた。上士側は、池田虎之進の引き渡しを要求してきたが、下士たちは結束して断固これを拒否した。このままだと大騒動に発展する可能性があり、下士の慎重派は、激派の同志を説得し池田虎之進と宇賀喜久馬を自決させ危機を避けた。

しかしこれに対する藩当局の処置は、益永家は断絶。山田廣衛の父猪平には謹慎を命じたものの、弟の次郎八に家督を相続させ、知行四十八石と小姓組の家格を安堵した。一方池田虎之進の実父と中平忠次郎の養父は家格家禄の没収となった。上士と下士の不公平な処分は目にあまるものがあった。この不公平な処置に憤激した下士たちの中には藩に絶望して脱藩し、独自の行動をとるようになった者も出るなどこの事件が下士層に与えた影響は大きかった。そしてこの事件が一つの引き金になって同年八月の土佐勤王党結成へとつながることにもなる。

第三章 野中兼山とその時代

野中兼山、それは近世土佐の生んだ最大の政治家であった。

①元和の改革と兼山の事業

十七歳で養父の同役として奉行職となる。
積極的に藩政を推進し三十三年にわたる事業は多方面にわたった。
土佐藩の後進性を克服した功績は不滅、とその評価は高い。

兼山登場

江戸、駿府、丹波篠山、名古屋などの城普請に対する負担や、その他幕府からの課役負担は藩財政を苦しめていた。土佐藩の財政窮乏については、幕府より財政整理の勧告を受けるまでになっていた。二代忠義は元和七年（一六二一）、元和の改革によってこの難局を打開しようとした。福岡丹波を仕置役に任じ、山内壱岐や寺村淡路、それに野中玄蕃《げんば》らによる改革である。この改革は藩営商業、農民の労働力や農地・森林資源の確保など多岐にわたって、財政健全化への道を開いた。良材として知られた長岡郡本山の白髪山の檜を伐採し、吉野川を流し大坂に運んで売却し、三カ年で借金を完済したことは有名である。この事業を推進したのが野中兼山《けんざん》の養父野中玄蕃直継であり、その功によって本山が野中家の領地と

本山帰全山の野中兼山銅像

野中兼山事業図

用水路名	建設年代	所在地	灌漑面積
宮古野溝	寛永十五年（一六三八）	土佐郡森村吉野川流域	一四町
長岡郡本山地方用水	不明（森川は承応三年）	長岡郡吉野川流域	八〇町
山田堰	寛永十六年―寛文四年（一六六四）	香美郡物部川本流	
上井川	正保二年（一六四五）	香美郡・長岡郡物部川流域	一二七町
中井川	寛永十六年（一六三九）	同右	四三五町
舟入川	万治三年（一六六〇）	同右	八〇〇町
父養寺井川	明暦元年（一六五五）	香美郡物部川流域	四二町
野市上井川	正保元年（一六四四）	同右	四六〇町
同下井川	寛文四年（一六六四）	同右	二〇〇町
弘岡井筋	承応二年（一六五三）	吾川郡仁淀川流域	八六二町
八田堰	慶安元年（一六四八）（開始）	吾川郡・高岡郡仁淀川本流	
鎌田堰	万治二年（一六五九）	同右	
鎌田井筋	明暦二年（一六五八）（一部）	高岡郡仁淀川流域	六八七町
幡多郡諸用水	不明	幡多郡四万十川・松田川流域	一六五町
中筋川改修	万治二年（一六五九）	幡多郡四万十川流域	
灌漑面積合計			三八七二町

（辻・小関『野中兼山全』）

野中兼山の主な業績

産業	他国諸産物の生産導入（果樹・水産物） 国産奨励　尾戸《おど》焼創設
商業	藩営商業（木材・かつおぶし） 在郷商人保護と在郷町取りたて 専売制実施 藩札発行
林業	留山《とめやま》・留木《とめぎ》制
農業	新田開発 米価官定
学問	儒学（南学《なんがく》）の奨励
領民支配	本山掟 弘瀬浦掟 国中《こくちゅう》掟 村役人制強化
対外政策	沖ノ島・篠山《ささやま》国境争論
その他	郷士取り立て 港湾整備

して与えられた。慶長十七年（一六一二）の「定法度条々」や「土佐国中定高札」の発布、村上改め、田地割替制の実施などは、のちの野中兼山の政治の前提になる改革と評価される。

野中兼山は、十七歳で奉行職に就任、その五年後には養父直継が病死し、野中家の当主となるとともに筆頭奉行職として藩政を担うことになる。

兼山は多方面にわたる事業を展開した。井堰を構築し、用水路を確保して新田を開発する。在郷町を創設し地域開発の拠点とする。郷士の登用による家臣団増強、港湾の開削や国産奨励策、村役人制度の強化や専売制の実施など後世に残る多くの治績がある。なかでも郷士の登用と井堰・用水路の建設は注目すべき事業であろう。

野中兼山像

郷士の登用

郷士の登用は山内氏が入国以来の懸案であった一領具足対策であった。一領具足懐柔と新田開発の推進、そして家臣団の補強と一石三鳥の策との評価は高い。

土佐藩では、慶長十八年（一六一三）「慶長郷士」といわれる郷士取り立ての前例はあるが少人数であった。兼山は物部川下流の山田や野地、野市などの開発に一〇〇人の郷士を取り立てた。三町歩の開発を条件に士格の身分を認めるものであり、「百人衆郷士」と呼ばれるものである。これに成功した兼山は承応二年（一六五三）から寛文元年（一六六一）までの間に、一領具足の子孫で、居住地付近で荒廃地や原野の開発を願い出た者につき審査して許可するという、「百人並郷士」を取り立てるなど大規模な登用を考え、藩政確立の中心にしようとした。

この郷士は藩政中期以後になると登用の資格も緩やかになり、幡多郷士、仁井田郷士、窪川郷士などと呼ばれる町人郷士や、譲受郷士《ゆずりうけごうし》と呼ばれるものも現れるようになった。

こうした郷士の中には、兼山の手先となって活躍した者もいた。土木事業にその技能を発揮した一木権兵衛や土佐西半分の総浦奉行となった淡輪四郎兵衛、東半分の総浦奉行の野村甚兵衛など、その手腕を発揮した。またこの郷士は慶安二年（一六四九）正月からは、家中の侍並みに城下での御駆初め式に参加が許された。はじめは五〇騎ばかりであったものが兼山晩年には六〇〇騎となり上士隊三〇〇騎の二倍になっていたという。

郷士で藩の役人になった者は限られており、大半は村役人や庄屋となった。幕末土佐勤王党の中核となった者も、また明治維新に活躍した多くの志士も、この郷士層の中から生まれている。

井堰・用水路、水運路の建設

土木事業では井堰・用水路、水運路の建設についての業績は大きい。物部川を神母木で、仁淀川を鎌田や八田でせき止めて、用水路を広範囲に巡らしたことなどである。物部川においては野市や山田、野地に、仁淀川では吾南（弘岡）や高岡に多くの新田を生み出した。また物部川は山田堰から山田の舟入川を大津川につないで奥物部や香長平野の物資を高知城下に、また高知城下の物資が逆に奥地に上ることも可能とした。仁淀川においては、弘岡井筋と新川川、長浜川をつなぎ、上仁淀や弘岡平野の産物を高知城下に運んだ。ともに浦戸湾へ出て堀川を経由して高知城下への水上交通路として整備されたことは画期的事業である。兼山の施政期間の用水路については別表のとおりである。

朱子学の実践者

兼山は朱子学の実践者でもあった。奉行職就任当時は武門の一般的風潮に従って禅学に励んでいたが、親友の小倉三省のすすめで儒学へ転向する。すでに江戸では朱子学は、政治の学、為政者の学とされていた。以来兼山自身も朱子学研究

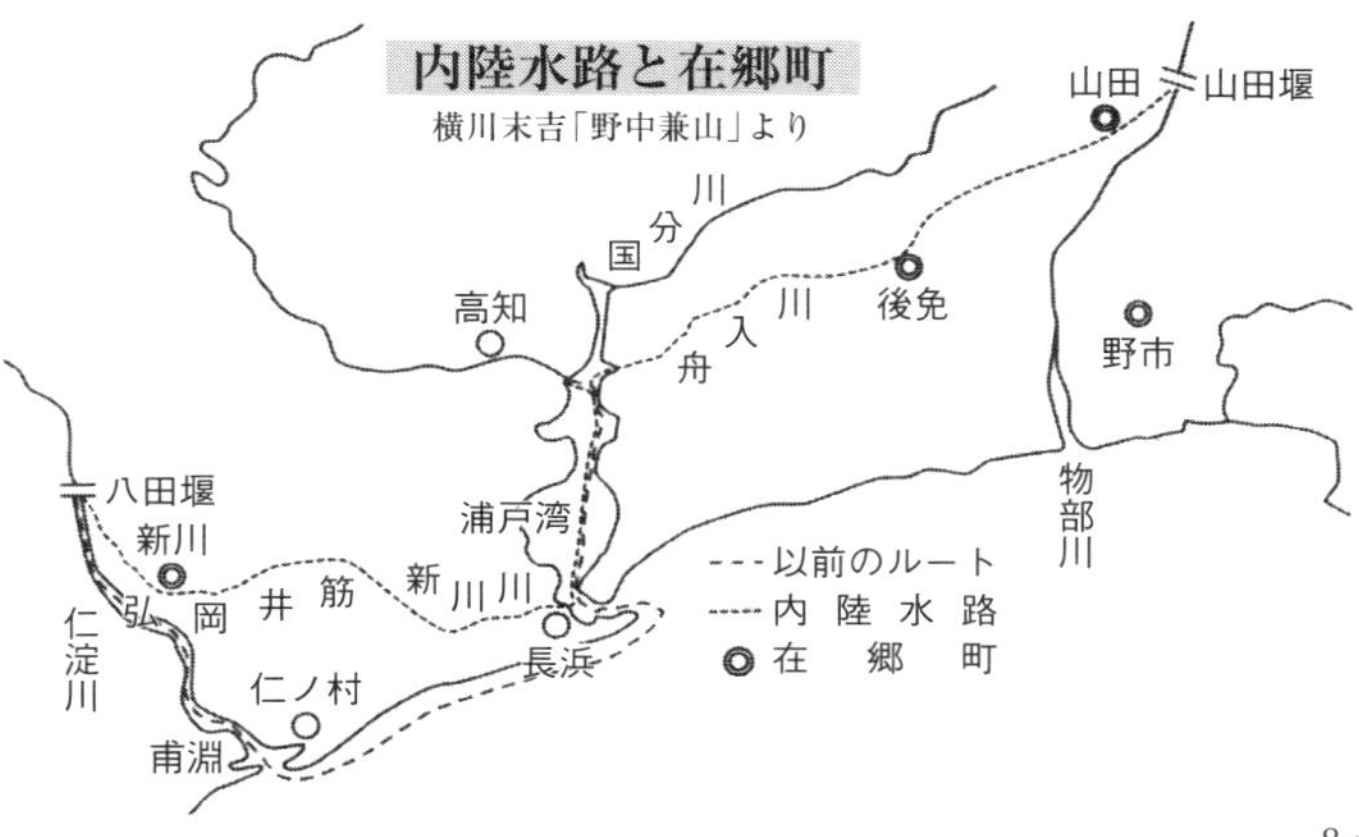

に専念し、その地位と権勢・財力によって学者を保護し、彼を中心に朱子学は栄えた。この土佐で発達した儒学が南学である。小倉弥右衛門、谷時中、山崎闇斎、長沢潜軒、町定静らは、兼山の保護を受けた南学者であり、彼らの研究は兼山の施政に大きな影響も与えている。兼山の政治思想は、諸々の事業を行うには領民の労役に頼らねばならない、その結果が領内の経済開発となり、領民の繁栄を生み出すと確信するものであった。この理念に基づいての厳しく意欲的な領内の開発は、領民たちには過重な労役となり、その資金は専売制に求めざるを得なかった。ここに兼山に対する苛政と善政の対立した評価が生まれてくる。

2

兼山の治水事業

新田開発とそれに伴う用水路の建設事業は、開発の父としてその名を残す。
吾南・香長の平野は潤い、上仁淀・奥物部は高知城下とつながり在郷町は賑わう。
事業は領民の労役に頼らねばならず領民収奪の鬼ともいわれた。

吾南の水路

野中兼山の治水遺構として名高い吾南水路は、慶安元年（一六四八）から慶安五年にかけて、一木権兵衛を普請奉行としての事業であった。仁淀川の流れを八田堰でせき止め、この水を弘岡井筋にひきこんで、井下九カ村を水田の村にした。また新川からの新川川《しんかわがわ》の流れを利用し、村々を通過して長浜から高知城下へと通じ内陸の水運路でもあった。

野中兼山の治水事業のなかでも、この八田堰と弘岡井筋の事業は、野市堰と上井・下井、山田堰と上井・中井・舟入の水系、鎌田堰と鎌田井筋とならぶ四大治水事業にかぞえられ、土佐の水田史、灌漑史、水運史そして土佐藩政史のなかでもその意味は大きいものである。

難工事であった八田堰や、弘岡井筋にかかわる挿話や口承はあるが、事業の経過や工法を明確にはできない。松野尾儀行は『南海之偉業』で、各々の井筋、井流、閘、切抜き、底圦、水門、掘割、樋、堀などその規模や構造・用途にわたって細かく記している。これは明治十八年（一八八五）頃の調査の結果だから、構築から二百三十年の年月が過ぎてはいるが、兼山事業の原形はかなり留めていたものと思われ、興味深い。

松野尾儀行は、弘岡井を諸木井、川窪井、南川、北川に代表させ、この用水による潅漑面積八三七町歩、そして延長四里に余る溝渠《こうきょ》は船が通る。弘岡中、弘岡下、西分、秋山、諸木、長浜に至る地域のレベル差は極めて少なく、この地域に流水可能な傾斜を確保するには、高度の水盛り技術が要求されたはず。兼山はこの解決策として、堰をはるか上流の八田に構えて落差を確保し、水盛りについては弘岡井筋の取水口の底と西諸木の雀ケ森の山頂を同じレベルとする、世にいう提灯測量によって設計したとも伝えられる。

この高度の技術が要求される堰堤築造技術は、戦国期の築城術に由来するであろう。最近まで弘岡上の人々によって伝えられてきた「固盤枠《こばんわく》」「片固盤枠」「土台枠」といわれる「沈枠《しずめわく》」による堰の構築技術は、武田信玄の創案によるとも言われる。近江国穴太に生まれた石垣の技術は、戦国大名に抱えられ各地の築城によってその技術はすでに認められており、土佐藩でも穴太の役は存在していた。

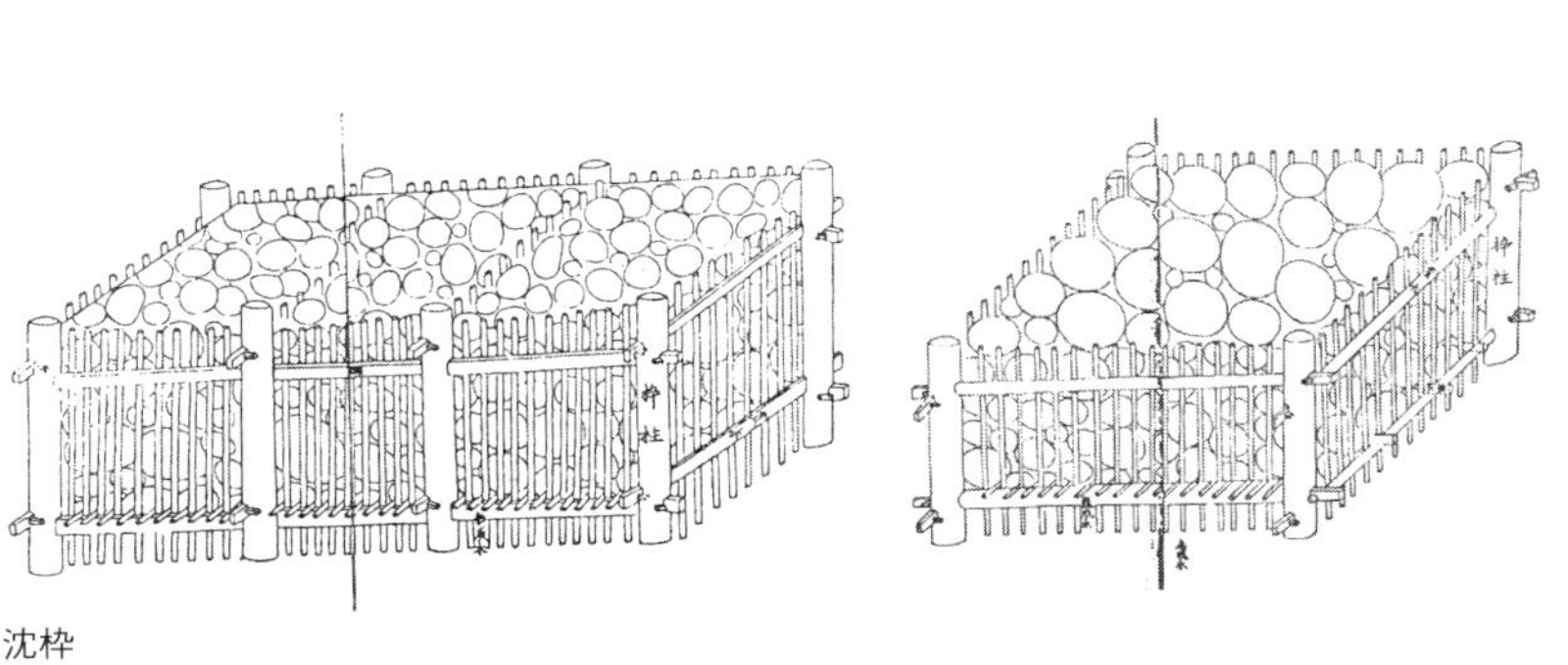

沈枠

築城術の発達とともに進んだ石工の技術、水盛りの技術、さらには城や砦の構築用材伐採の役を受け持った大鋸引きの技術が、いま堰や用水の構築に、また枠や胴木としての巨大な松材伐採に生かされた。

用水路建設のもつ近世的意義を、横川末吉氏は「一つは技術であり、他はその規模」と言い、「中世までの小河川―大河の支流の堰き止めによる漑漑から、大河川の本流を横断して堰を構え、水を延々と二～三キロの遠方に流し、井筋ごとに数百町の耕田を養い、さらに川幅、水深ともに船筏を通じるものにしたこと」(『伊野町史』)とする。八田堰・弘岡井筋はまさにこの近世的意義の象徴的存在と言える。

行当《ゆきとう》の切抜き、弘岡上の八幡の掘割、大瀬、西分小路唐音、長浜切抜きなどの切抜き工事、漏水防止の「千本突き」などの労働は「直接耕作者が山内藩政によって解放される喜びによって、生産意欲に満ちた時点を巧みにとらえ、そのエネルギーを余すところなく投入した」(同書)とはいっても、動員された田掛かりの農民たちはもちろん、周辺の農民たちにとっては言語に絶する過酷な労働であった。

春野地方における稲作の発祥は弥生前期にさかのぼる。しかしそれ以後、兼山の事業までは、仁淀川の自然流路に沿って形成された自然堤防の帯状低地に、「樋」などを通じて周辺山地からの湧水による自然灌漑で、わずかな水田耕作を続けただけであった。それ以外は畑地、採草地、林地として利用するにとどまっていた。兼山の事業はこの農業経営を一変させ、自然堤防上のほとんどを水田にし、水田の村とした画期的なものであった。井下《ゆのしも》九カ村、いわゆる弘岡上・中・下、西分、東諸木、西諸木、森山、秋山、甲殿の村々の本田高の八五六〇石二斗九升九合のうち、五千百二石一斗一升一合の新田が誕生した。つまり、八五六町のうち五一〇町の水田が生まれ、本田の約六〇パーセントが新たに水田化され、吾南繁栄の基盤がここに形成された。

水運路開鑿

水運路も時代の要請に即応したものであった。当時藩の財政は窮乏していた。その立て直し策として、土佐木材を中心に上方市場への搬出を目指していた。山田堰と舟入川をもって物部上流と城下を結び、八田堰、弘岡井筋、新川川《しんかわがわ》を結んで、上仁淀と高知城下を結んだのもそのあらわれである。

慶安五年（一六五二）、弘岡井筋が新川川と接続して水運路として完成した。従来、上仁淀の物資は仁淀川を下り、仁淀川河口からは外洋を通って高知の城下に運ばれた。ところが「八田堰ニハ筏越シコレナキ関所」となり「山分筋ヨリ出候諸物産、竹木板類諸仕成物、保佐、薪、起シ炭、船筏、陸持トモ向後新川通★」る

山田堰

▼山間部からの物産すべてのものが新川を通らねばならないことになる。

ことにし、仁淀川の水運を転換させた。また外洋の航行困難な筏が、この内陸水路を通過することになったことは高く評価されなければならない。

平野部の水田への潅漑のための用水路は、その水位の高いことがのぞまれ、一方舟運あるいは排水の効率から考えると、新川川の水位は低いことがのぞまれる。これを調節するために、森山村字大坪に「落し」が構えられた。この「新川の落し」は、「高サ九尺　幅五間　長サ十二間三尺、構造大石、木材ヲ用イ下地ヲ大石ニシテ畳シ　上ヲ松板ニテ蒸廻ス　水ノ低落スルトコロ左右ニ波止メリ　長各八間根置三間　馬踏一間　大石蒸廻シ」たもので、高度な土木技術が生かされた構築である。他藩からの輸入技術を生かしての構築であったろう。この「新川の落し」を中心に在郷町新川も大きく発展する。

従来の仁淀川河口の甫淵《ほぶち》にあった分一役所《ぶいちやくしょ》は浦戸、長浜に移され、甫淵の人々も新川に移り住むようになった。新川の町衆には各種の特権も与えられた。浅い川底でも、航行可能な「艜船《ひらたぶね》」が九三艘も許され、それらの船は城下の堀川への自由な乗り入れや横付け、そして船中炊事も許可された。その上「山分筋ヨリ乗下リ申ス船筏トモニ水門（新川閘）限」りとされ、仁淀川上流からの船荷物はいったんここで降ろされ、筏は解かれ、新川より下流への運搬は、新川の舟方衆に譲らねばならなかったのに対し、「新川船ハ山分筋トモ通船在リ」とあるように、新川の者は上流まで船を自由に漕ぎのぼることも許されるという保護策がと

八田堰

られた。これらの策によって、新川の町は元禄末には「川を挟んで人家六十余り、東西三町余」であったものが、幕末には二〇〇軒近くの戸数を数えるほどの盛況ぶりであった。木材や薪炭は下り、塩や魚などの生活物資は奥仁淀に上っていく、それらの物資の中継地として、在郷町新川は繁栄をきわめた。

民の労苦

吸江五台山は仏の島よ、ならび高知は鬼の島

兼山はその著『室戸湊記』に彼の信念を「賢君之所以労其民所以逸其民皆其道也」と記している。事業は民の労役によらねばならない。その結果が領内の経済開発となり繁栄を生み出す。民の労役が民の繁栄によって償われると言うのである。過重な労役も彼のこの信念から生まれたものである。五台山には慈悲深い文殊菩薩が安置されている。そのとなり高知に住む兼山は、領民収奪の鬼と見えたのであろう。慈悲深い五台山と、兼山の住居のある高知とを比べたものである。

イモジ十連

弘岡井筋の工事で行当や唐音の切抜きはことのほか難工事であった。固い岩盤を火薬のない当時ノミとツチの人力で掘削しなければならない。兼山はイモジを岩の上で焼くと岩盤が崩れやすくなるということを老人から聞いた。イモジとは

発掘された河戸堰木枠の上部

河戸堰上空から

里芋の茎を干し乾燥させ、農家にとっては冬の補助食として重宝したズイキと呼ばれるものである。兼山は早速各家からイモジを十連を取り立てた。この取り立ては農家にとっては冬場の食を欠くことになり困惑する。農民たちは困った顔をしたのであろう、以来困惑した顔のことを「イモジ十連もかかったような顔」と言うようになった。

春ウサギ通ったあとが百貫目

ある春の日、工事現場に突然一匹のウサギが跳びだした。工事人夫は誰もそれに気づかなかった。しかし一人見ていた者がいた。その者はその時は誰にも言わず休憩時にその話を皆にした。「それは惜しいことをした。その時知ったら皆で捕まえ食べたのに」と皆が惜しんだ。兼山はこの話を聞いて、「なぜその時言わなかったか」とたずねると「あのとき言えば、皆が捕まえようと工事場を離れる。時間が無駄になり工事は遅れる」と返事したという。感心した兼山はその者に岩石百貫目を削る分の賃金を褒美として与えた。以後「春ウサギ通ったあとが百貫目」という言葉ができたという。

古屎の皮はぎ

「ひりばりは伝右衛門さまでもかまわざった」と言う伝えが残っている。大小便だけは野中兼山でも許したというのである。工事現場では用便の時以外は厳しい労働に従事させられた。疲れ切った人々の中には「大便に行く」と言って嘘を言って休んだ者もいた。しかし本当に大便か役人の調べがあっては困る。したがって前の他人がした大便の表面をなぞり、自分がいましたように新しく見せかけたものだという。厳しい労働が要求されたことと、わずかな時間でも身体を休めようとする百姓たちの姿が浮かぶ。

雪や凍れ　あられや凍れ
　荒瀬の川が止まれや凍れ

宿毛市の松田川下流域に新田を開発するため、松田川支流の分水工事の時であった。用水路の工事はたいてい農閑期の冬場に行われた。この時も極寒の難工事であり、あまりの寒さに耐えかねた人夫たちの間から、しばらく休ませてほしいとの要望が出た。しかし兼山は「川が凍り流れが止まって工事ができなくなれば休む」という。農民たちはいまに伝わるこの歌を歌って工事の中止を願ったという。

兼山の施策は後世の人々には多くの恩恵をもたらしたが、封建時代の大事業であれば強力な権力の行使もやむを得ず、過酷な労働であったことは否定できない。

③ 兼山弾劾

領民の労役は領民の繁栄によって償われるとの信念で疾走する。
武士の不安・農民の欠落・町民の貧窮が兼山施政の総決算か。
寛文の改替から野中家根絶の策は強引に進められる。

兼山の失脚

寛文三年（一六六三）七月一日、三代藩主忠豊に、叔父の佐川一万石深尾出羽重昌と、その子因幡重照、それに重昌の娘婿の山下下総豊吉の三名が連署した弾劾書が提出された。民衆の不満を利用して兼山の失脚をねらってのものである。

訴書に「近年一国の上下困窮に及ぶ」として、

第一条に、家中の侍たちが兼山の施政下に身上の不安を感じていること、

第二条に、国中の百姓たちが近年時を選ばず、夫役過分に召し使わされ、諸掛り物が多く堪忍できないと嘆き、村方・浦方ともに逃げ出す者が多くなったということ、

第三条に、町人たちは専売制のため商売は全く止まってしまい、商人は礑《はた》と餓《かつ》

命《めい》に及んでいる。

と訴えているのである。

兼山の大規模な新田の開発はじめ領内開発の諸事業は土佐全域に拡大され大きな成果が上がっていた。幕府も兼山の事業による土佐藩の国力振興に関心を持ち、松山藩の松平定行に密かに監視させるほどであった。兼山の理解者であった忠義も高齢で中風を患い家督を譲り、また兼山を支えていた小倉小助・三省親子もすでにこの世になかった。兼山失脚の策はすべてが忠豊とその側近によって、極秘裏に進められたものである。

訴書を受け取った忠豊は、忠義とも相談の上、生駒木工と孕石頼母を使者に、兼山に訴書の内容を伝え、深尾らと合議の上、緩やかな政治にあらためるよう説得した。兼山は彼らの申し入れに添わず何の申し開きもせず辞任した。かくして兼山の奉行職免職と直仕置（藩主の親政）が決せられ、そのことは兼山にも伝えられるとともに、藩士たちにも告げられた。

訴書が提出されて十日の短期間の決定であった。このような短期間の執行は、逆に慎重な計画のもとに進められてきていたことを裏付けるものでもある。

兼山施政の三十年はその業績も大きい。藩は兼山の失政を正当化する必要があり、彼の失脚を説得できる理由が必要であった。藩は町方、村方、浦方の庄屋らに命じて、兼山政治への苦情を上申させた。藩政への領民の苦情上申とは異例

野中兼山隠居地跡看板

野中兼山の隠居地跡

のことである。城下町方の提出した「御訴申上差出帳《おうったえもうしあげさしだしちょう》」や安芸郡浦方からの「上灘草臥申覚《かみなだくたびれもうすおぼえ》」などには、明らかに藩の兼山失政の合理化策への動きが読みとれる。

兼山の死

寛文三年（一六六三）九月十四日、兼山の隠居願いがゆるされ、古槇次郎八らわずかな家臣とともに香我美郡中野（現香美市土佐山田）の邸に隠退した。三カ月後、持病の痰喘（心臓喘息）が悪化して死んだという。彼の死については、比島の宿所で自殺したとも、薊野《あぞの》村《むら》天王前で自殺したとも、毒を仰いで自殺したとも言われる。遺体は城内の本邸に連れ帰ろうとしたが、追手門の通過が許されなかった。やむを得ず愛臣古槇次郎八宅に置き、十二月十七日、雪の中密かに潮江村高見山に葬られた。古槇次郎八も十八歳の若さで殉死した。兼山の死に死をもって抗議した一人であった。

わかれ行く　名残は露も残らじぞ
　連枝の中を　やわらげてすめ

兼山辞世歌という。兼山の死の刻には、高知城三の丸忠義居所の上に怪火が回ったとか怪異な伝説も残っている。

野中兼山の墓所

寛文の改替

野中兼山失脚後、兼山政治の大幅な軌道修正が行われた。「寛文の改替」である。寛文三年（一六六三）七月、家老の月番制による合議での政務執行を定め、藩主忠豊は親政を宣言し、人事も一新された。孕石頼母、生駒木工、桐間伊東ら、藩政の実権は反兼山派の人々の手になった。諸奉行たちに対しても、「誤書」を提出させ自己批判をさせ、兼山政治に対して領民から苦情も上申させた。

改替政治は町方、村方、浦方すべて領民の疲弊が契機であった。そのため兼山時代の統制に対して寛大な政治が打ち出された。

町方には、課役の全面的な軽減や廃止が行われ、不評の高かった専売制や問屋を廃止し、商品作物の茶、紙、漆などの売買取引自由など統制を緩和し、自由商業を許した。

村方には、元和の頃より問題となっていた夫役を、一年間に三十日と定め、送夫を制限し、茶、紙、漆の専売制は廃止、荒散田の占有制限や、木材出人夫役も廃止するなど、諸役を大幅軽減した。

浦方は、単なる課役の減免や廃止で立ち直れる状況ではなかった。このため藩が船の貸与や資金・資財を提供して立ち直りを図り、廻船業者の負担や、諸種の網負担を大幅に軽減し、廻船業者の商業を奨励し、商業活動にも木材の移出にも自由を与えた。

このほか飲酒や踊り、相撲なども解禁された。数年来禁止されていた土佐郡朝倉村の朝倉神社の踊り復活の夜の様子を「夜ニ入候テハ御一国ノ士農工商老若トモ朝倉・鴨部・雁切川原辺へ集リ」、田畑にも空き地がないほどで、この国の繁盛この上ない光景であったという。皆万歳を唱え、見物人も四方から雲霞のごとく集まったという（『南海之偉業』）。表現に誇張はあっても祭りの様相や庶民の心は理解できる。

野中家根絶

寛文四年（一六六四）三月二日、兼山が死去して三カ月ののちである。野中家改易の断が下された。兼山に謀反の企てあったとし、武力をもって野中家を取りつぶさんと、野中邸は包囲され、領地本山へ通じる穴内口《あなないぐち》や三谷口には警備の者が派遣される物々しさであった。

兼山については、「重々不届千万重科之段々」「言語にも筆紙にも述べ難」としその理由を、

一、私欲と依怙による政治

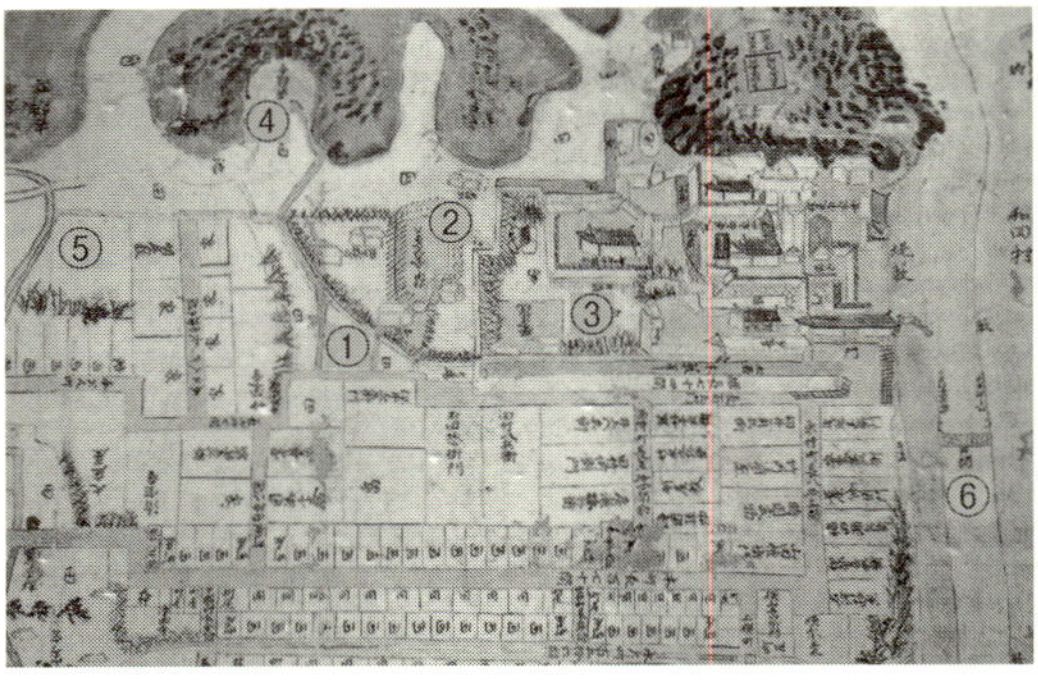

①幽閉地の碑
②幽閉地
③宿毛土居
④野中兼山一族の墓所
⑤現市役所
⑥河戸堰

野中兼山一族幽閉地の図

一、忠義、忠豊父子の離間を策したこと
一、御蔵銀のほしいままな消費
一、改替に反対して流言を放ったこと
一、金銀を貪り他国まで商売をやらせ土佐藩主の評判を悪くしたこと
一、諸法度を厳しくしながら自分はこれを守らなかったこと

とした。

このほかにも郷士に勝手に知行を与えたことや、江戸上り下りの船などで、分を超した奢りがあったことなどを挙げ、さらに「今少し存命仕候はば申付様も有べく候所、相果候故是非に及ばず」と付け加えるなど、憎悪に満ちた忠豊の書状からも、藩の兼山への姿勢が知れる。

野中家改易後の処置については山内《やまうち》左衛門佐《さえもんのすけ》の邸で、深尾帯刀・山内彦作・山内左衛門の三人から、清七に申し付けられた。

清七（兼山の長男・一明《かずあき》）と兼山の妾四人と八人の子、家来を加えて二二人が、二艘の舟に分乗して宿毛の地の送られた。兼山の長女米は、高木四郎左衛門に嫁して一女をもうけていたが、親の罪は逃れがたしと離婚し、宿毛に送られた。また別居していた妻市は、兼山の罪には関係なしとされ、宿毛山内左衛門佐に寄寓して余生を送った。

宿毛での生活は罪人として竹矢来に囲まれたなかに監禁され、厳重な監視下に

兼山一族幽閉の地石碑

幽閉された兼山一族

流された時の年齢	名前	母の名	死亡の年齢と時	備考
十八（一説十九）	米《よね》	やな（公文氏）	二十一（寛文七年）	高木四郎左衛門妻、一女を生む
十六	一明《かずあき》（彝継清七）	きさ（池氏）	三十一（延宝七年）	
十五	明継《あきつぐ》（欽六）	かち（不明）	三十四（天和三年）	狂死
八	継業《つぐなり》（希四郎）	きさ（池氏）	四十二（元禄十一年）	
七	寛《かん》	つま（美濃部氏）	七十二（享保十四年）	元禄十六年赦免
四	婉《えん》	きさ（池氏）	六十五（享保十年）	同右
三	将《しょう》	つま（美濃部氏）	六十（享保六年）	同右
二	行継《ゆきつぐ》（貞四郎）	きさ（池氏）	四十一（元禄十六年）	自殺

（横川末吉著『野中兼山』所収の表を一部修正）

置かれた悲惨な生活であった。国外への追放も考えたようであるが、分散をおそれ一カ所で常に監視のもとに置き、結婚も許さず一門根絶という冷酷さである。幽閉四十年の間に、米、一明、そして欽六、ついで継業、貞四郎と死し、元禄十六年（一七〇三）男系は根絶した。同年九月生き残った三人の娘、寛・婉・将、また婉の母と乳母も赦免された。最年少の将もすでに四十歳を越えていた。

赦免された三人は寛と将は宿毛に残ったが、婉は母と乳母とともに旧臣井口氏を頼って土佐郡朝倉村に住んだ。文才も学才もあった彼女は、兄の継業の関係から谷秦山にも関心を持っていた。

婉は兼山の娘であることを誇りとし、胸を張って生きたが、その生活は貧しく、母と乳母を養うために医を業とした。冷酷な仕打ちを受けた藩から扶持米を受けたことからも彼女たちの生活の貧しさがうかがえる。しかしこうした貧しさの中で、香美郡西野地村に先祖の祠堂を建てている。次々と肉親を失っていった配所での四十年、そして野中家廃絶により先祖の祭祀が失われる悲しみが伝わる「祠堂記」を残している。潮江村高見山の墓地には先祖の墓も建てた。墓所に建つ墓碑に刻まれた「弧哀女婉泣植焉（こあいじょえんないてこれをたつ）」の文字には、婉の思いに胸を打たれる。

婉は独身のままで六十五歳で数奇な生涯を閉じた。墓は潮江村の先祖の墓地にある。

享保十四年（一七二九）寛の死によって野中家は完全に絶えた。

兼山一族の墓所（宿毛市）

これも土佐

お国自慢
これぞ土佐の酒

土佐自慢の酒を紹介

土佐の酒は飲み口も酔いざめも爽やかなのが特徴。まさに淡麗辛口という表現がふさわしい味わいだ。

美丈夫　特別本醸造

(有)濱川商店
TEL0887-38-2004

南　純米吟醸

(有)南酒造場
TEL0887-38-6811

土佐鶴天平　大吟醸原酒

土佐鶴酒造(株)
TEL0887-38-6511

菊水　上撰

菊水酒造(株)
TEL0887-35-3501

安芸虎　純米酒

(有)有光酒造場
TEL0887-33-2117

土佐しらぎく　純米吟醸

(有)仙頭酒造場
TEL0887-33-2611

豊の梅　樂鶯

高木酒造(株)
TEL0887-55-1800

文佳人　純米酒

(株)アリサワ
TEL0887-52-3177

松翁

松尾酒造(株)
TEL0887-53-2273

桂月　金杯

土佐酒造(株)
TEL0887-82-0504

酔鯨　特別純米酒

酔鯨酒造(株)
TEL088-841-4080

瀧嵐　純米大吟醸

高知酒造(株)
TEL088-897-0314

土佐亀泉　純米吟醸

亀泉酒造(株)
TEL088-854-0811

司牡丹　純米酒

司牡丹酒造(株)
TEL0889-22-1211

純平　特別本醸造

(有)西岡酒造店
TEL0889-52-2018

桃太郎　上撰

文本酒造(株)
TEL0880-22-0039

無手無冠　純米生の酒

(株)無手無冠
TEL0880-27-0316

藤娘　純米吟醸

藤娘酒造(株)
TEL0880-34-4131

第四章　推移する藩政

藩政は確立期から全盛の時期へ。しかし財政難は克服できず藩政は苦悩の連続。

1

藩政の基本方針確立

封建支配の基本方針は確立し政権は安定したかにみえたが……。
新田開発、豊富な物資、在郷町は発展し貨幣経済は農村にも及ぶ。
一部町人は富裕化し、農民・農村の分解は進化する。

「元禄大定目」制定

元禄三年（一六九〇）三月、四代藩主豊昌は、「元禄大定目《おおじょうもく》」を制定し藩政の基本方針を確立した。史家の平尾道雄氏は、「元禄大定目」は、長宗我部氏の「百箇条」の「掟書」やのちの「南海政典」とともに土佐の「代表的政典」と位置づけられ、「元禄から以後にかけてもっとも長期にわたり藩政の規準となったもので、これを理解することはすなわち土佐藩政の骨子と実態を理解するものだ」とし、山本大氏も『高知県の歴史』で藩政完成の記念碑としている。この「元禄大定目」は武家社会の支配役人である武士が心得るべき必要事項を定めたもので、それが行政の規準となったものである。五六項目四七二カ条にわたるもので、「諸侍掟」「評定所定」「諸役人役目大要之定」「寺社方之定」「市町定」「御中定」「浦中定《うらじゅう》」と続き、最後に「右之内諸役人可遂勘定時節定」となっている。「諸侍掟」は、一九カ条にわたって士格クラスの武士一般の心得をしめしたものである。「番所や普請場へご馳走を入れた重箱や酒・菓子などを持参してはいけない」「役人は権威を笠にきてはいけない」「公用で出張するとき、私用の仕事をしたり、道理に合わぬ無理なことはしてはいけない」など、武士生活のあるべき姿を定め、知行・扶持・切米の支給方法や勤務の細則などの詳細な規定である。

また「市町定」の二四カ条には、幕府や藩命令の厳守、切支丹や浮浪人の取り締まり、町方役人の勤務上の心得、商品の取り扱いや町人の住居・生活に対する心得などを説き、火の用心に至るまで細かく規定している。町人の住居や生活については「初めて町に居住する者や、他の町から入ってくる者は、前に住んでいた所の庄屋や年寄の手形をもらって、これを転入する町の庄屋にみせ、指示を受けて家を借りるようにせよ。保証のない者には貸してはならぬ」「勝手不如意で生活できぬ者や隠居のとき等やむを得ない場合以外は、町中から自由に他の場所へ転宅してはいけない。金貸しや貸米の手段にするため、郷中に蔵を建てることはまかりならぬ」「家作・衣服・飲食などは分相応にして家業に精を出せ。金持ちでも遊んで暮らしてはならぬ」「バクチや賭事は一切禁止する」「品物を買い占めしておいて利益を独占してはならぬ」などの規定がある。

「郷中定」の一三カ条では、郷中統治の概要を説き、耕地の開発や処分に関することや夫役・徴税の方法などが定められている。「百姓は農作業に精を出し、貢物は速やかに納めるようこころがけよ。耕作を怠ったり、あるいは私用を先にして年貢が滞るようなことをしてはならぬ」など、幕府の慶安の御触書そのままで、農民のあり方をしめしている。

「浦中定」の一六カ条には、航海に従事する者の心得、海難にあったときの処置、漁民の生活の規準、漁獲・塩浜・船舶の処分などに関する浦中支配の規定があり、さらに漁民生活に関係のある租率や、浦方役人の勤務心得もしめされている。

以上のほか、山林行政に関する法規、道番所などの交通法規から、普請、宗教などにも及び藩政全般にわたっている。

藩政はこれから軌道に乗って推進されていく。

巨商の躍動

山内氏は城下町経営にあたって商人たちを城下に集め屋敷や商業上の特権を与え、生活を保障して城下町の繁栄を目指した。こうした中で多くの巨商たちが生まれてくる。播磨屋や櫃屋を筆頭に平野屋、辰巳屋、相良屋、掛川屋、蔵屋、下田屋、才谷屋、美濃屋、田村屋、土種屋、阿波屋、桜屋などの巨商たちの名が見え、それぞれが栄枯盛衰の跡をみせている。

町人もその財力や功績によって階層が生まれ、それに応じて藩から優遇された。藩主に謁見できる「お目見町人」、その中でも単独謁見できる「独礼」と、集団でしか謁見できない「並居」の区別があった。播磨屋や櫃屋は当然独礼を許されており、後年には辰巳屋勘之丞、相良屋佐五郎、掛川屋権右衛門、蔵屋新右衛門、下田屋与兵衛なども独礼を許されている。それらは御用金を献じて藩財政に協力した功によるものであった。

播磨屋は生国の名を取って屋号とし、金融や米穀を業とし、播磨屋宗徳で知られている。また櫃屋は長宗我部氏の頃に五台山櫃ケ谷に給地を与えられたことからそれを屋号とした。藩命で唐物を商い財をなし櫃屋道清の名で知られている。代々交代して、大年寄（惣年寄）となり町方自治の責めを負った。はりまや橋は堀川を隔てた播磨屋と櫃屋が私橋として架橋したのに始まる。

種崎町の播磨屋九郎兵衛、堺町の誉田屋弥左衛門、朝倉町の掛川屋喜三兵衛の三人は、宝永六年（一七〇九）御国用紙制度を作って問屋になり御国用紙の販売権を獲得した。

種崎町の呉服商美濃屋忠左衛門と、大和屋三右衛門はその営業不振とみるや長岡郡下田・介良で為登灰《のぼせはい》焼きによる石灰業を願い出、その製造権と上方への販売権を独占し、享保以降独占的に土佐石灰を支配してきた。しかし文政二年（一八一九）には石灰業の不振から、桜屋太三右衛門がその株を譲り受け大成して、近代には入交産業（高知県で石灰製造・販売などを業とする会社）となる。

製糖事業に投資して藩の国産方仕法に協力した田村屋源右衛門は、享和三年（一八〇三）御国砂糖売捌所に指定され、販売の元締めとなり砂糖販売権を獲得した。文化三年（一八〇六）には大問屋になり、翌年には木屋与右衛門が加わり以後土佐製糖業の総元締めとなった。

蓮池町の佐野屋藤右衛門は、紙や醤油の卸業で台頭し、文化十四年には苗字御免となった。このように豪商は藩主謁見の待遇のほかに、姓氏《せいし》までも許される例もあった。また田村屋の川崎、佐野屋の浅井なども留守居組格として武家に準ずる待遇を受けたのである。

商家はその家格と財力に応じて、武家への「仕送り」という習慣があった。武家と金融関係を結んで、上級商家は上級武士に、中級商家は中級武士に、下級の商家は下級の武士に、それぞれその家禄を抵当に金融を融通する習慣である。武家と商家の深い関係が知れる。また商家の中には郷士身分を獲得し町人郷士となる者もいた。商家は本来郷士株の獲得は許されていなかったが、巧みに買収し、規制がゆるむとともに郷士が続出した。坂本龍馬は豪商才谷屋から出たことは有名である。

それればかりでなく農家に融資し、抵当とした土地を兼併していく商家もあった。

才谷屋奉納石戸灯炉台石（薫的神社）

もちろん本田の永代売りは禁止されていたし、商家の農地買得は制限されていたが、時代の流れは防げなかった。富にものをいわせる富商や豪農は地主的な存在となり、一方小農は小作百姓として生計を維持するか、耕地を失い間人百姓《もうと》★となり日雇い稼ぎで生活するか、果ては村を捨て城下町に移り、商家に奉公する者が年を追って増加する傾向を見せてきた。

▼小作あるいは日雇層、本百姓に対する間人と位置づける。

変化する農山村

「農は納なり」と言われた封建社会は、農業生産に支えられていたことはいうまでもない。藩でも年貢の増徴のための指導監督の強化を図り、藩をあげて新田開発をすすめたことは、野中兼山らの施策によっても知ることができる。米作の奨励はもちろんのこと、生産作物についても意を注いだことはいうまでもない。米作の裏作として麦、豆類、いも類の栽培奨励にも怠りなかった。特に米麦の二毛作中心に奨励されたが、乾きのよい水田でも地力の限界から、毎年麦の裏作は不可能であり、まして湿田には麦作は不可能である。その上、二毛作は地力を弱め、結果的には次の米作に大きな影響を与えることになる。そのため土佐の農民は水稲の二期作を考案した。

二期作の開始は、元禄年間（一六八八～一七〇四）の頃からと言われているが、元禄以後の農業の発達、特に享保期の水稲栽培技術の発達に支えられて発達した。とはいっても、要は重い年貢に苦しみ、一途の活路を求めた土佐の農民の工夫であり創意であった。

　これまで厳禁されていた農山村での商売が許され、寛文三年（一六六三）の頃には二品目であったものが延享三年（一七四六）には五三品目にまで増加した。また農民たちのつくる商品作物が、藩の統制を超えて他国にまで持ち出されるようにもなった。

　藩も商品作物の栽培には積極策を講じた。その成果が最も上がったのが伝統的な茶である。その大部分は上方方面に送り、当時の土佐の山間地域の重要な商品作物となっていた。土佐茶の栽培は高岡郡半山・津野山・北山から、幡多郡の奥地にかけての地域が盛んであった。この土佐茶が産地から四国山地を越えて、中国地方やら瀬戸内海の島々、さらには遠く九州まで渡っていた記録もある。

　楮もまた急速に伸びた商品作物であった。楮は茶よりも栽培方法は簡単であった。太布（楮の皮の繊維を糸にした織物）や紙子、書写の紙など需要が大幅に増大した時代背景ともあいまって山間部で広まった。『土佐州郡志』に見える土産（特産物）については、山間部のほとんどの村に茶と楮の産出が記されている。

　また仁淀川の奥地で産する紙や林産物を求めて伊予の商人が、吉野川流域へは、阿波や讃岐の商人が茶のほか林産物や鉱産物を求めて入ってきている。

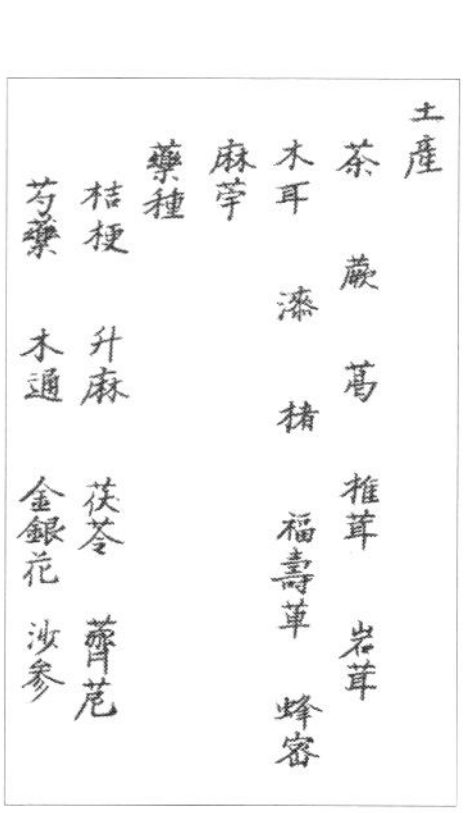
土産
茶　蕨　葛　椎茸　岩茸
木耳　漆　楮　福寿草　蜂窩
麻苧
藥種
桔梗　升麻　茯苓　薺苨
芍藥　木通　金銀花　沙參

『土佐州郡志』に見る北川村（津野九村之山村也）産物（土産）

甘蔗の栽培も土佐の海岸一帯で広く本格化していく。寛政元年（一七八九）に馬詰権之助が製糖法を伝えて以来土佐の重要な産物になった。煙草も天正年間に伝来し、喫煙の風の広まりとともに栽培も拡大したようである。煙草栽培も禁じられ、厳罰の時期もあったが、野中兼山は本田以外なら栽培を許した。ところが文化九年（一八一二）頃になると藩の統制を無視しての栽培が行われるようになっていた。

幕末の頃になると山間部では椎茸や樟脳の生産も盛んとなって上方へ移出されるほどになっていた。

なお城下町の人々に重宝がられた周辺の野菜については、福井の茄子、朝倉の田蘿蔔《たらふく》（大根）、大内の牛蒡、小高左坂の赤土蘿蔔、新町の蕪などがあげられている（「土佐国産往来」）。

こうして貨幣経済の波は農山村にまで入り込み、農民も商品を買わねばならないようになってきて、年貢以外の負担も貨幣で納めるようにもなってきた。農山村のなかでも商品経済はますます発達してきた。

厳しい土佐の番所

江戸時代幕府は治安維持のために要所に関所を置いて通行人の監視・取り調べ

を行った。諸藩もまた国境に番所を置いた。国境のものを境目番所と言い、内側の交通の要所に置かれたものは内番所と称して、人や物品の往来を厳しく取り締まった。諸藩のなかでも土佐と薩摩が特に取り締まりが厳しかった。土佐は阿波と伊予との国境に八六カ所の番所を設け検問した。そのうち長岡郡の立川、安芸郡野根山の岩佐、それに吾川郡名野川の三番所が最も重要な番所とされた。

当然のことながら番所には必ず番人が詰めていた。普通は世襲の役人が勤めたが、土地の庄屋が兼務することもあった。番所は、玄関をはさんで両側に柵と門を造り、鉄砲や突き棒、または袖がらみなどの武器が備えられていた。通行手形の有無を調べ、挙動不審者の通行を止めるか捕らえなければならない。武器はそのためのものである。通行手形は旅行者の名前、年齢、旅行目的、出発地、行き先などが記入され役人の証判がおされた旅行証明書である。例外もあった。山間に住む人たちが生活に必要な塩を求めて伊予や阿波に出る時は塩買い手形があり、簡単な庄屋の手形で手軽に他国に出ることもできた。讃岐の金比羅参りなどは寛大に扱われ、「この裏に抜け道があるが、そこは抜けてはならない」と抜け道を教えるような融通性もあった。

道番所の定めとして「元禄大定目」には、

○何人も通行手形を必要とする

○隣国商人は、境目近辺で商いをすることは許されるが、広く国内に入ること

は禁ずる
○杣《そま》等の職人は、郷中より願いの出た場合のみ許す
○猿まわし等の通行は禁止する
○お遍路は甲浦口、宿毛口より入ることとする
とある。

また、海上への大切な出入り口には、浦々内番所が置かれ、入国者の取り締まりや、港を出入りする品物に課税をしていた。「国中番所附」では、津口は土佐湾に面して、安芸郡に甲浦など一二、香美郡に手結など二、吾川郡の浦戸、高岡郡の宇佐など九、幡多郡は佐賀など一七など四一カ所が設けられていた。

「土佐國浦々内番所之定式」によると
○他国出入りの者は、男女にかかわらずキリシタン宗を厳重に調べること
○遠見番所のある所はよく整備し、異国船漂来の時はもちろん、諸事の示し方を平素より細かく申し付けておくこと
○山から出るもの、あるいは魚の料金を徴収すること
○他藩の廻船が入国したときには、その藩の出した証文、宗旨をよく確かめて入国させること、遊芸人は益がないので帰す

土佐の主要関所

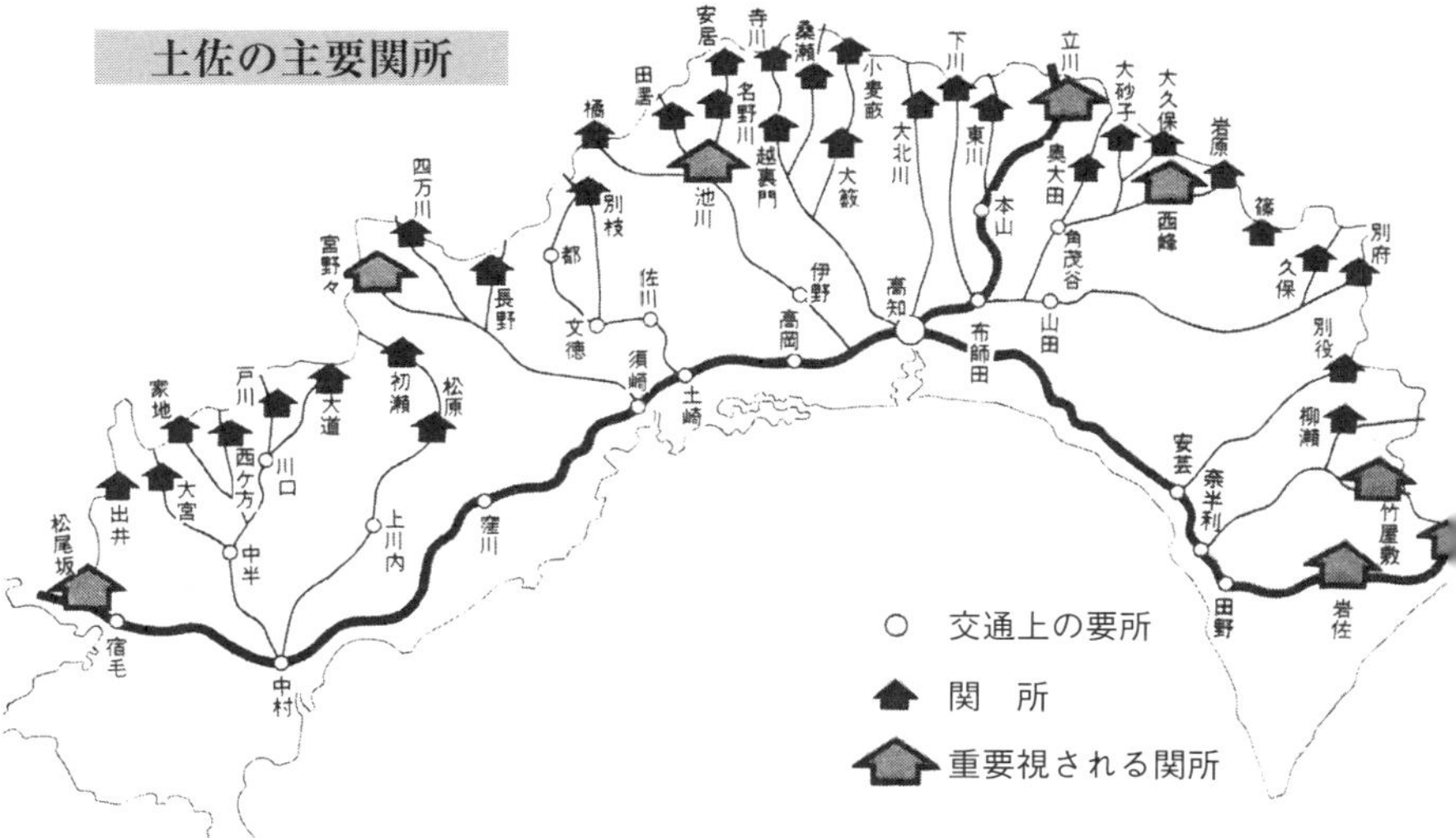

こと
○他藩の者で数カ月滞在する者は、その土地の寺請を取り、宗旨を確かめておくこと
○他藩の者が来て宿を願えば、往来手形をよく調べて宿泊させること
○土佐の船が他藩に出るときは、人数をよく調べて証文を出し、商人の場合は荷物もよく調べること
となっている。

2 藩政への抗議

藩の出費はかさみ借財は増大し台所の苦しさは深刻化を増す。
飢饉や火災に地震、天災に加え不当な指定問屋や御用商人の買付けに怒りは爆発。
領民の不平は高まり抵抗は各地に頻発し不安と動揺は高まる。

義人岡村十兵衛

岡村十兵衛が安芸郡羽根浦の分一役に任ぜられたのは、延宝九年(一六八一)であった。岡村十兵衛の役は浦方の徴税官である。浦方の年貢である分一銀、いわゆる船や網、魚物など他国や他浦へ船積みする品物に課する税の徴収や、米蔵に納められている年貢米の管理も任され、民衆の困窮時などには、五人組を通じて米蔵の米を貸し付け、藩の費用を調達することもやっていた。

野中兼山の時代、浦奉行であった野村甚兵衛の過酷な夫役に、東部漁民たちは苦しんでいた。しかし兼山失脚後の寛文の改替で一息はつくことができたが、漁獲高は減り漁村の人口は増え、その上、延宝年中(一六七三〜八一)は、連年風雨洪水に見舞われ生活苦は極に達していた。天和に入ってからは漁民の身売りや逃亡は相次いで起こり、惨状は見るに忍びない状況であった。

岡村十兵衛は赴任以来村内を視察し、困窮の実態をつぶさにみて負債の償却策を考えた。天和三年（一六八三）には御留山の伐採許可をうけ、松材五万三六二本、保左《ぼさ》★一八万四三一二束を大坂方面に積みだし、その売上げで民衆を救った。しかし翌貞享元年（一六八四）の凶荒は以前にも増して浦人たちを窮乏に追い込んだ。

岡村十兵衛は藩に蔵を開いてもらって、窮民を救済しようと手を尽くしたが、藩は先例と法規にのみこだわり許可はおりなかった。十兵衛は餓死していく村人たちを見るに忍びず決意を固めた。庄屋の檜垣左近右衛門を呼び、「後日重罰のあるは必至であるが、事態を座視することはできない。私の一命に代えて今日の危急を救う」と尾僧の米蔵を、藩の許可なく開いて米を窮民たちに与えた。

藩はこの十兵衛の独断専行の処置を怒り、おっての沙汰を待てと謹慎を命じた。しかし何の沙汰もなく苦しみの中で十兵衛は、日々の職務の収支を明らかにして、庄屋や年寄たちに事件の経過を説明し、後事を託して自刃した。村人たちは嘆き悲しみ、八幡宮の傍らに葬った。庄屋檜垣ほか村の年寄たちは連名で嘆願書を提出し、墓所の掃除料として近くの家三軒に白米一升ずつの寄進が許された。浦中の追慕の情は厚く誰彼となく掃除が行われ、朝夕香華を絶やすことはなかったという。

弘化四年（一八四七）、藩主山内豊熙は東巡のおりに参拝し、その子孫を捜し召

▼保佐
薪。

鑑雄神社

し抱えようとしたが跡目は絶えており果たせなかった。

明治四年(一八七一)、組頭はじめ地下惣代十数名が願い出て、「鑑雄神社」として祀り、明治八年境内に顕彰碑が建立された。その後も田辺良顕や田辺輝実の寄進や、明治四十三年杉山知事の参拝など、顕官の寄進や参拝の記録も多い。軽格からの任命であったが、義人岡村十兵衛の名はいまも浦人の中に輝いている。

義庄中平善之進

津野山(現津野町)の農民たちは山畑を耕作し、ほそぼそと楮、茶、椎茸などわずかな商品作物を栽培して現金収入を得るという自給生活を続けてきた。高知城下の御用商人である通町の蔵屋利左衛門は、津野山郷の茶や楮紙などこの地の国産品の買い付けにあたっていた。しかし値段は不当に安く、農民たちの生活は窮地に陥り、宝暦五年(一七五五)の秋、買い入れの停止を願い出た。藩はこの願いを聞きいれずかえって弾圧しようとした。農民たちは他国に逃散するか、江戸へ直訴するか、貢租を納めず高知城下に押し寄せ蔵屋を討ち殺すかの窮地に陥った。

農民たちは檮原《ゆすはら》村大庄屋の中平善之進を指導者として一揆の挙にでようとした。

中平善之丞銅像

藩は機先を制して足軽隊を派遣し鎮圧した。首謀者二二名は捕らえられた。藩は津野山九名のうち越知面、船戸、四万川、檮原、北川、初瀬、中平、松原の各村の庄屋を吟味の末、八名を投獄した。檮原村大庄屋中平善之進は蔵屋の非道を攻撃し対決した。蔵屋は死罪となったが、善之進も抵抗罪で檮原の神在居《かんざいこ》長野駄馬《ながのだば》で斬刑に処せられ落着した。これ以後国産問屋に対する非難が高まり、藩も反省し、宝暦九年には民情を聞くために訴訟箱設置など改革的な動きをみせた。そして宝暦十年にはこれまで全量強制的に藩が買い上げていた「御蔵紙」を定量化し、それ以上の余剰紙を「平紙」として、自由販売を許した。国産方役所も廃止し、続いて問屋制度もやめることを宣言した。

藩は斬刑の罪をうけた善之進の命を助けようと急使を派遣した。しかし神根越まで来たときに大雨で谷川を渡ることができず使者は引き返した。この時の暴風雨は七日七夜も大荒れに荒れ狂ったので、土地の人たちは「善之進時化」と恐れた。

明治十九年（一八八六）激しい暴風雨がこの地に襲来したときにも、善之進の怨霊の仕業と人々は恐れた。津野山の人たちは生誕地の東津野村の北川と、檮原の中間点に供養のため「風神鎮塚」を建てた。昭和六十年（一九八五）十月二十九日には善之進の銅像が、国道一九七号線の風神鎮塚前に建立された。高さ一・五メートルの自然石の台座の上に立つ三メートルの銅像で「義庄中平善之進」と

風神鎮塚

刻記されている。

池川紙一揆

仁淀川上流の池川や用居、名野川地区（すべて現仁淀川町）は山地に囲まれ、田地は少なく山畑耕作で食糧を得るほか、楮の栽培と製紙の副業で生計を立てていた。

藩は明和三年（一七六六）に、これまで廃止していた国産方役所を復活させ、この地の平紙買い込みの独占権を京屋常助に与えた。このため他国商人には一束二匁三、四分に売れる紙が、一匁五、六分で京屋常助に買い上げられる状態となった。その上、二年続きの凶作で食糧難に陥り餓死寸前となっていた郷民たちは、この状況に耐え切れず、平紙の自由販売と他国商人の出入りの許可、あわせて役人や年貢米の移送の送夫負担の軽減を求めて訴状を提出した。天明七年（一七八七）一月末のことであった。日本の歴史のなかでも、天明といえば天保とともに飢饉続きの惨状が記録され、多くの餓死者も出、米価は上がり大坂で始まった打ちこわしは方々に波及し、土佐も例外ではない時期であった。

郡奉行所は提出された訴状を藩に送り指示を求めたが、藩は指示を怠り決裁を与えなかった。何の指示もなく日時の経過だけではいろいろの噂を呼ぶものである。嘆願は強訴と見なされ処分されるだろうという噂となった。動揺した郷民たちは二月十六日夜八時頃、かねて打ち合わせの安の川原に、用居村、池川村の十四歳以下六十歳以上の老幼と婦女子を除く全男子五八九人が集合した。六尺の柄をすげた鎌、苧にて六寸廻りの縄五尺、飯米四～五日分を持参し、問屋、庄屋等の家に雑言を浴びせ、十七日未明藩境を越えて松山藩領東川村へと脱走した。そして四国四十四番札所菅生山大宝寺にたて籠もった。二月二十四日には名野川郷の農民一一七人も加わり総数約七〇〇人と伝えられる。藩は郡奉行林数馬に、松山藩の郡奉行と会見させ、逃散民の引き渡しの交渉を行うよう指示した。町奉行桑山幸馬も高知から出むき、松山藩の役人と解決策を協議した。大宝寺の住職も、間人百姓になってでも松山領に土着したいという固い決意の逃散民説得に尽力した。その結果帰国後において処罰しないという後難請合いと、願い筋は土佐藩に取り次ぐ旨で郷民たちも応じた。三月下旬に郷民は帰郷した。結局首謀者三人は斬られたが、国産方役所や問屋は廃止され、農民たちは平紙の自由販売の復活という成果を勝ち取った。

名野川の逃散

吾川郡名野川郷民たちの逃散事件が、天保十三年（一八四二）七月に起こった。

この逃散は、大庄屋の小野庄右衛門が天保二年から十年までの間、年貢を余分に取り立てていたということで民心が動揺し、不穏な形勢となり、そのため庄右衛門配下の庄屋である藤崎明平と上岡下助が調停役となっての、過徴米の返還交渉から起こった事件である。調停役の二人は小野庄右衛門を排斥するため、郷民を扇動するような言動があったため、藩は高知に出てきた上岡下助を投獄した。藤崎明平は出頭命令に応じず自殺した。二人を信頼しその指導を受けた郷民たち三一三人は伊予に逃散した。

この逃散は、村方の地下役人の私闘に郷民が付和雷同したと考えられ、一般の同情が薄かった。藩は松山藩の了解を得て足軽追補隊を派遣し捕らえ、首謀者一一名を処罰して事件を処理した。

天明7年(1787)前後一揆・打ち壊し一覧

年代	発生場所	その他
天明六・十一	幡多郡宿毛	参加者八百人　大目役糾弾
(同期?)	長岡郡本山アセミ村	国産方仕法反対
天明七・一～三	吾川郡池川郷名野川郷	参加者七百人　同右
同・三	高岡郡日下村	参加人員不明　山林利用の不公平
同・同	吾川郡御畳瀬浦	同　六十余人　買い占め反対
同・四	城下通町	参加者百余人　買い占め反対
同・(月、日不明)	長岡郡種崎浦	同右　買い占め反対?
同・同	香我美郡赤岡浦	同右　同右?
同・同	同　郡山田村	同右　同右?
天明八・三	高岡郡別枝村	参加者百余人　庄屋と対立

(『高知県史 近世編』による)

③ 土佐の特産

土佐は木どころ月さす宵は、杉の魚梁瀬《やなせ》に夢心地　ヨサコイ　ヨサコイ
土佐の名物珊瑚に鯨、紙に生糸に鰹節　ヨサコイ　ヨサコイ
ゆうたちいかんちや、おらんくの池にゃ、潮ふくさかなが泳ぎよる　ヨサコイ　ヨサコイ

土佐は木の国

高知県は全面積の八〇パーセントが山林である。林産物は米についで重要な産物であった。室町時代の『庭訓往来』にも土佐の木材の記事はあり、また西部幡多地方から木材が積み出されていたことは『大乗院寺社雑事記』にも見えている。長宗我部氏も秀吉の命により、安芸郡成願寺山や仁淀川上流から伐採し移出したことなども見ることができる。江戸時代に入っても慶長十二年（一六〇七）駿府城の普請木材として山内氏は一万本の木材を献上している。

また藩財政の苦しい中でこれを救う重要商品でもあった。寛永二年（一六二五）には、長岡郡本山の白髪山の檜を切り出し藩の借財を返還した。大坂に白髪町が誕生したことは土佐の木材がいかに多量に大坂に移出されたかを物語るものであ

る。このため土佐木材は「御材木」と呼ばれ、他国の木材より優先的に販売され、大坂市場開設の恩人とまで呼ばれもした。

こうした木材であるので、林産物の取引には厳しい統制もあった。藩はことあるごとに国内の良材の山を「留山」と称して藩有林とした。天和三年（一六八三）に留山は一一一五カ所になり、それは元禄から享保にかけてますます増加していった。さらに留山指定だけでなく、ほかの山でも勝手に伐採のできない「留木」があった。寛文四年（一六六四）の「山林諸木並竹定」によると檜、杉、樫、楠など一六種類にのぼっている。これが「元禄大定目」の「留木定」では三一種類に追加増大されている。その上、椿や白ハゼなど七種類は薪に切ってはいけないとも定められていた。農民たちは藩より薪山の払い下げを受けても、二十五カ年の輪伐制の規制があったため、思うようには切り出すことはできなかった。

こうして統制を加え、木材の取引は主に藩主導で行われたが、土佐の薪は藩政中期には大坂市場でも全体の六〇パーセントを占めほぼ独占的地位を占めていた。

こうした木材や薪を大坂市場に移出した主な地域は、幡多郡四万十川流域と東部安芸郡であった。したがって幡多郡の下田や、安芸郡の野根、羽根、奈半利、田野、安田、安芸等沿岸の集落は木材や薪の移出の港として繁栄した。

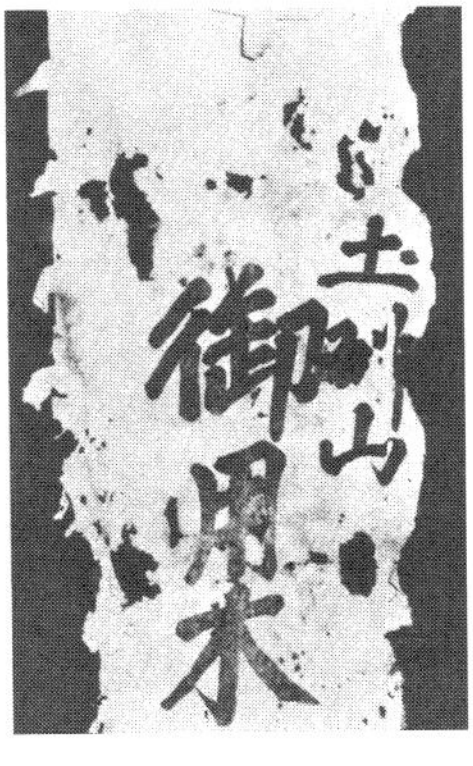

吉野川流しの御用旗
（『土佐その風土と史話』より）

土佐は海の国

土佐は海の国でもある。とは言っても林業ほどの活力はなかった。技術が幼稚であり、漁獲が極めて不安定であった。それは当然漁村の生活も不安定であったことにつながる。こうした土佐の漁業の遅れは、自然条件に左右されたことが大きかった。頻繁にやってくる台風と、時折起こる地震・津波による被害は記録も多い。宝永四年（一七〇七）の大地震の記録をみれば、一一六七軒の家屋が流失し、五六〇六軒が倒壊している。そして漁民たちの命である廻船や漁船の流失や破損は五九六艘を数え、漁網の四三九張りが流失している。この数字をみても一度の天災が漁村に与える影響の大きさを物語る。特に幡多郡や安芸郡の田畑の少ない漁村では、生活苦から九州方面に夜逃げしたという記録の残ることも無理からぬことである。

こうした土佐の漁業の実態に紀州の漁民たちが着目し、土佐の海に漁場の開拓を進めてきた。熊野屋の屋号をもつ土佐清水越の三浦家は、屋号の示すとおり祖先は紀州の豪商であったという。千石船で一族を引き連れ、清水七浦（清水、越、養老、中浜、大浜、松尾、伊佐）の鰹漁業の基をつくったと伝えられている。同じ頃、松尾でも紀州の角谷与三郎が鰹船一二艘をもち、釜を据え鰹節づくりを始めたとも伝えられる。

土佐藩も紀州漁民の進出を放置できず漁村保護策に着手した。新設漁村には五カ年間の無税、新しく網や漁船を整えた者には二年間無税とした。ようやく土佐でも鯨や鰹を中心とした漁業発達の素地ができた。

土佐での捕鯨は寛永の初年、安芸郡津呂の庄屋多田五郎右衛門が捕鯨組を作り、藩の許可を得て始まった。いわゆる銛だけに頼る原始的漁獲法である突き獲りの方法である。小舟に一二～一三人が乗り、巧みに舟を操って鯨を追い、数種類の銛を鯨に突き立ててしとめる方法である。しかしこれは確率が悪いので、天和年間に、すでに紀州では行われていた網獲り法が取り入れられた。

捕鯨について島村泰吉氏によると「捕鯨は山見（探鯨）に始まる。山見はクジラを発見するとしるしを揚げる。クジラの種類によってしるしは決まっていた。山見にクジラ発見のしるしがあがると、海上に待機していた船隊は漁場へ急行する。捕鯨船隊は時代により変化するが、正徳五年（一七一五）津呂組文書によれば勢子船一二艘（一六人乗り）、網船一三艘（一四人）から成っていた。ほかに網船と同じ型で持双船が二艘あり、船体を持双柱でつないで捕獲したクジラを二艘が挟んで縛り付け陸に運ぶ役目をした。遊泳するクジラに近づくと、勢子船はクジラを陸地に近い深さ三〇尋（四五メートル）ぐらいの漁場に追い込んでいく。網船はクジラを取り囲むように幾重にも網を張りクジラの自由を奪うと、勢子船

鰹節発祥地の碑

からはクジラに次々と銛を投げつける。クジラが弱ったのを見はからい、若い羽刺が手形包丁をもってクジラに泳ぎつき、突き刺さった銛で体を支え、クジラの噴気孔近くに二筋の切り口をあけて綱が通せるようにする。これを『手形切』といい命がけの作業であった。こうして手形を切った切り口に綱を通して船と結び、船に近づけて大剣をもってとどめを刺したのである。こうしたクジラとの闘いは沖配と言われる老練の総指揮者の采配により、一糸乱れぬ統率下に行われた」（『鯨の郷・土佐』高知県立歴史民俗資料館企画展図録）としている。

こうして捕鯨業も軌道に乗り、慶安四年（一六五一）の一年一三頭の捕鯨数が、元禄六年（一六九三）から正徳二年（一七一二）にかけての間に、年平均四〇頭も獲るようになり、さらに時代が下ると年平均六四頭捕獲の記録もある。

また鰹節は、製造の方法は宇佐浦の住人亀蔵が紀州の技術を習ったのに始まるという。その時期は明確ではないが、江戸初期の頃は、幕府への献上品や大名たちへの贈答用として用いられていた記録がある。延宝年間（一六七三〜八一）に宇佐浦の播磨屋佐之助が改良し、質の向上をはかり大坂において天下第一の折紙がつけられる製品に仕上げた。享保年間には、幡多郡中浜浦の住人山崎儀右衛門が春日節を作り、江戸へも移出されるようになり、土佐節の名もようやく広く知られるようになった。

藩政中期以後は、ほかの水産物も技術の進歩によって盛んとなり、塩魚や焼き

鯨取り図

魚、干鰯など大坂方面に盛んに移出され、土佐の海産物としてその名をはせた。

七色の土佐紙

土佐の山野と気候は製紙の原料である楮、雁皮、三椏などの生産に適し、紙の乾燥にも最適であり、土佐紙は「延喜式」にも献上品としてあげられ発祥の歴史は古い。

土佐の近世紙業の祖は、安芸三郎左衛門家友と伝えられている。安芸城主の国虎の次男であるが、長宗我部氏に滅ぼされた時、元親の妹で波川玄蕃の後室であった養甫尼に招かれ、土佐郡成山（現いの町）に住んだという。

慶長の初め頃、家友と養甫尼は旅人から淡紅色で横筋の入った修善寺紙の製法を習った。それに柿色、黄色、紫色、桃色、萌葱色、浅黄色を加え七色の紙を考案した。山内一豊入国の時、これを献上して以来、成山や吾川郡伊野を中心に製紙業が発達した。

一豊は家友を御用紙方役に任命し、製紙業の監督をさせた。紙漉き二四軒の業者を選び幕府への献上紙や、藩用紙である「御用紙」を漉かせた。これらの業者は、田畑を与えられ、原料は広く藩内から収集でき、藩有林の薪を燃料として自由伐採も許されるなどの保護政策をとった。しかしその一方では徹底した秘密主義がとられ、製品を他に売ることや、紙漉きの国外旅行も禁じられ、縁組にまでも干渉した。

野中兼山は楮の栽培を奨励し、紙を藩の専売品にして保護し生産を高めた。紙の種類や型、重量など厳重な規格を定め、他国へは厳重な秘密主義をとった。しかし野中兼山の失脚後は専売制は解かれ、自由な生産が行われた。

宝永六年（一七〇九）高知城下の御用商人である播磨屋九郎兵衛や誉田屋弥左衛門、掛川屋喜三兵衛らが製紙業者に助成を行い、御国用紙の製造販売の権利を得て製紙業をさらに発展させた。これに目をつけた藩は、正徳四年（一七一四）御国用紙の販売権を取り上げ紙方役所を設け、「御蔵紙」として国内販売や上方移出で藩収入の増加を図った。

宝暦二年（一七五二）、藩はさらに国産方役所を設け、問屋を指定し専売制の強化を図った。生産者は自由な販売権を奪われ、安価で指定問屋に買い入れられた。領民の不平は高まり、津野山騒動のような指定問屋の私欲を攻撃する抵抗もあった。このため宝暦十年には専売制を廃止し、御蔵紙の数量を村々に割り当て、その納入が完了すればあとは「平紙」として自由販売ができることにした。

しかしその後藩は、他国の商人をしめだすため京屋常助を平紙の買い取り問屋に指定した。平紙は京屋によって安く買い取られた。天明七年（一七八七）吾川郡の池川・用居・名野川などの農民たちが大挙して松山藩領に逃散する事件が起きた。これは平紙が特定商人に安く買い上げられることへの抵抗であり、天明の紙一揆ともいわれる。藩は特定問屋を廃止し、平紙は自由販売とし、国外移出に限って口銀を取ることにした。一揆側の勝利であった。以後平紙の生産は盛んになり、一五〇〇〇余戸の製紙業者が、土佐郡森・成山、長岡郡本山、香美郡韮生、安芸郡井ノ口、幡多郡下山・上山、高岡郡戸波、吾川郡伊野・狩山などに居たという。上方でも長門や石見、備中などの紙とともに土佐紙の名も全国に聞こえるようになった。

土佐の陶器

承応二年（一六五三）、二代藩主忠義に招かれて、久野正伯が大坂高津から土佐に渡り、高知城北の尾戸に窯場を開いた。窯場の地名をとり尾戸焼と称した。久野正伯は野々村仁清の門人と伝えられ多くの名器の製作を手がけた。茶入や水指、花生け、香炉、皿など五〇〇種に及ぶという。

藩主忠義も愛用する傍ら、将軍家への献上や贈り物にも用いたと伝えられている。原料の陶土は能茶山や石立山のほか、安芸郡の奈半利や野根山にまで求め、釉薬は幡多郡から取り寄せたようである

久野正伯は五年間の在国であったが、その技は門弟の森田久右衛門と山崎平内

尾土焼窯跡

によって受け継がれた。二人は尾戸に屋敷を与えられ代々製陶の技を伝えた。しかし他国との競争には勝てず、文政三年（一八二〇）藩は能茶山への移転を計画し、文政五年には森田家はじめ焼き物師はすべて能茶山に移った。能茶山では甕や徳利、鉢に茶碗など日用品中心の陶器が製造され、実用品で藩や民衆の要望に応え能茶山焼の名を高めた。

現在でも尾戸焼と能茶山焼は、土佐を代表する陶器として珍重されている。

尾土焼「雲鶴文茶碗」
（『高知城下町読本』より）
（写真提供＝高知市文化振興事業団）

能茶山焼「色付唐花文砧徳利」
（『高知城下町読本』より）
（写真提供＝高知市文化振興事業団）

これも土佐

土佐和紙のできるまで

1原料

楮、三椏、雁皮の靭皮部（皮）が手漉き和紙の主原料である。

2煮る

原料に含まれている不純物を取り除くため、消石灰・ソーダ灰などのアルカリ性溶液で原料を二～四時間煮続け、純粋な繊維だけを取り出す。

3水洗い・晒し

煮えた原料を清流に浸して粗洗いし、これを流水中に薄く広げて一昼夜水洗いする。そして天日または晒し液で漂白。蒸してやや赤みがかった原料も、三～四日すると水や光の自然作用で白くなる。

4ちり取り

原料に含まれているちりを一つずつ指で取る。「水より」と「空より」の二通りの作業方法がある。

5叩く

繊維束になった原料を樫の棒で叩きほぐす叩解作業。打てば打つほど水中での繊維の分散がよくなる。この作業が終われば、原料は「紙料」となる。（現在はこの叩解作業は機械で行う）

6こぶり

十分叩解された「紙料」をこぶり籠に入れて水中に沈め、かき混ぜて分散させる。

（写真提供＝いの町紙の博物館）

紙質を決定する重要ポイントである。

7紙漉き

「漉き槽」の中に原料を入れ棒でよくかき混ぜる。それに「とろろあおい」の根から取り出した粘液を加え、原料の繊維を均一に分散させ、簀桁で一枚一枚漉く。

8脱水

漉き重ねた紙の上に重石をのせ、一晩放置し翌朝圧搾機で脱水する。最初は軽く、次第に圧を加える。（昔はテコが用いられた）

9乾燥

乾燥は天日乾燥と火力乾燥の二方法がある。天日乾燥は紙床から湿紙を一枚ずつはがして、干し板に刷毛ではり付けていく。

10裁断

乾かした紙を一枚ずつ選別し、一帖ごとに目印の紙を入れ、規格に応じた寸法に切り揃える。

11荷造り

紙は帖、束、締、丸の単位にまとめられ、製造元の包装紙に入れ紙問屋に送られる。

（いの町紙の博物館）

これも土佐

土佐のイゴッソウ、薫的和尚

土佐でイゴッソウの代表とされる人に薫的和尚がいる。高知市洞ケ島に瑞応寺という寺があった。薫的和尚が住職である。

山内氏は入国時に掛川から菩提寺の真如寺を移してきた。ともに曹洞宗寺院であり両寺の権力争いはここから始まった。

山内二代藩主忠義の一周忌の法要で、首座をつとめるのは真如寺の仙重和尚で、薫的が次座となった。不満の薫的は藩の仕置人に住職の辞任を申し出た。藩では法会の日もせまっており説得し出席の了解をとった。ところが真如寺の選んだ忠義の戒名である「竹巖院殿龍山雲公居士」を、薫的は雲公居士の雲の字は「風乱之不定」の意味があり、また竹巖についても、岩に松は生えるが竹が岩に生えて栄えることはない、巖松大居士がよいと述べ対立した。

薫的は瑞応寺が真如寺より下に位置づけられることに反発し、本山の永平寺に訴えようとしたのが露見して投獄された。獄にあること四年半、四十七歳で死去するが、在獄中に薫的は指や舌をかみ、法衣や獄壁に自分の考えを血書し、果ては二十一日間絶食し座ったまま大往生したといわれている。のちに薫的和尚は瑞応寺の隣に洞ケ島神社として祀られ「薫的様」として厚い信仰を受けている。

薫的の気迫と抵抗の精神は、山内治政をこころよく思わない長宗我部遺臣ら土佐人の心に深い影響を与えたであろう。参拝者はあとを絶たず訪れ霊魂を慰めている。

ハチキン

男性にイゴッソウがおれば女性にはハチキンがいる。イゴッソウは意地ぱりで依怙地で融通のきかない頑固者とされている。ハチキンは男まさりの女性という意味で、明るくて生活力も旺盛で、どしどしと自我も主張していく土佐の女性の誇りのようにもいわれている。

『土佐弁の基礎知識』では「ハチキンは周りに対しても面倒見がよい。何かの相談を受けると「まかいちょき（任せておけ）」とばかりに東奔西走する。持ち前のバイタリティでぐいぐいと引っ張っていく。口も行動力もある頼りになる姉さんだ。常にプラス思考で言いたいことは言っても根にもとない。おおかたの場合酒にも強い。ハチキンが来ると場は明るくなる。しかし、騒々しくなることも覚悟しておかなければいけない」とわかりやすく明快に解説している。

もともとハチキンはというのは、お転婆ででしゃばりで、思慮八分の女性を意味した時代もあったようである。従ってほめ言葉ととれることもあれば、軽蔑の意味にもとられる場合がある。どちらの意味で使用するかはっきりしておかなければことは面倒にもなる。ハチキンの典型に坂本龍馬の姉の乙女をあげる人もいるが、どちらに該当させて言うのであろう。

第五章 学問と文化

幕末土佐、勤王思想高揚の素地は成る。

1 学問の興隆

戦国武将は土佐に南学を興しその基は着実に固められた。
近世、その精神は日常生活や政治の上に生かされ発展する。
「谷門の学」として興隆し幕末勤王運動の思想的基盤をつくる。

南学の開花

南学は戦国時代、土佐で南村梅軒によって始められ、江戸時代初期、土佐を中心に栄えた儒学、朱子学派の通称である。

南学の名称は、土佐出身の朱子学者大高坂芝山がその著『南学伝』の序で説明している。いわゆる藤原惺窩や林羅山らの京師学、中江藤樹や熊沢蕃山らの関西学に対し、土佐の小倉三省や野中兼山らの学を海南学、略して南学といったものである。

梅軒が土佐を去ると梅軒の学統はしばらく薄らぐが、谷時中の出現が南学興隆の道を開いた。時中はもと真宗の僧侶であり、権貴にもへつらわず所信を貫く剛毅な性格であったという。四書を精読し、大学を愛読して、仏教より脱却し儒者

南学発祥地の碑

となった。時中が梅軒の学統をどう継いだか確たる史料はないが、『南学伝』では、梅軒の学は、五台山吸江庵にあって長宗我部元親らに儒典を講じた忍性、吉良宣経の甥で東福寺・妙心寺などで修行した如淵、そして忍性の学友である雪蹊寺の天室（質）らに受け継がれた。谷時中はこの天質の弟子であり、時中の門下には小倉三省、野中兼山、山崎闇斎らがいたという。

小倉三省は、二代藩主忠義の信任を得て長年仕置役をつとめ、儒教道徳を説き、学問的には弟子に、「自ら考え、のちに師にただす」という学習法をとり、これが南学の典型的学習法ともなった。

野中兼山もまた、藩の奉行職という重職にあって才能をふるい、南学の保護奨励策を進めた。自分自身も南学者として、藩政運営の理念と方法を南学に求め、為政者の学として、政治上ばかりでなく、日常生活の上でもこの考えを実践した。この保護策によって、谷一斎、大高坂芝山、黒岩慈庵、長沢潜軒、町定静、曾我晩亭らの学者が輩出し、近世初期土佐において南学は開花し全盛の時を現出した。

しかし寛文三年（一六六三）、兼山の失脚により、藩の方針は変わり、南学は保護の手を失い、一時は危険思想とまで見られた。彼の保護政策への反動は、仏教界からも、また南学を強要された家臣からも起こり、さらに藩主の南学への無理解で南学者活躍の条件は全く失われた。南学者は放逐され、兼山の保護を受けた南学者も土佐を去り、そうでなくても誓書によって新政への追随を余儀なくされ

南学の系譜

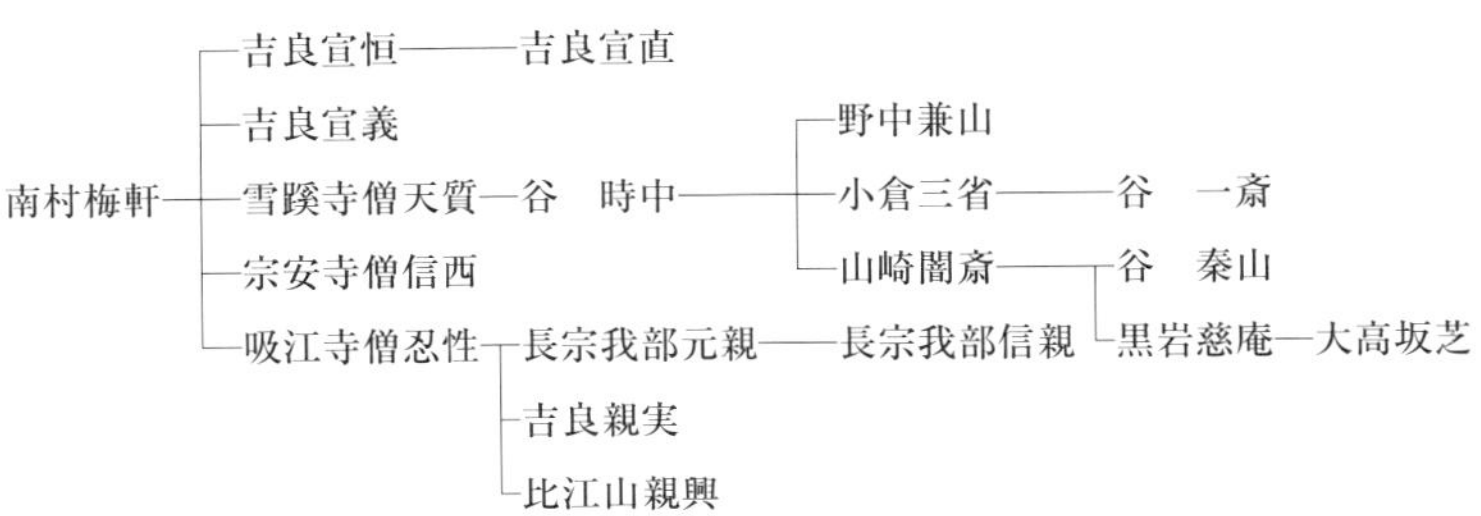

た。世に言う「南学の四散」である。

「南学の四散」と緒方宗哲

「南学の四散」により学問無用論まで出、土佐の教学は危機に瀕した。藩もこの状態の放置はできず、南学とは学風を異にする緒方宗哲《おがたそうてつ》を京都から招き、学問の再興と奨励を図った。宗哲は古学堀川学派の祖とされる伊藤仁斎の学風をうけた人物である。延宝七年（一六七九）四代豊昌に請われて御相伴格侍読の格付けで、十人扶持二百石を給され土佐教学の再興を託された。

宗哲は平素は京都に居住し、藩主参勤の帰国の時、京都伏見から藩主とともに来国し、翌年参勤交代の時藩主に従って京都に帰るという生活であった。豊昌以来豊房、豊隆、豊常四代にわたり、侍読をつとめ、元禄年間には加俸されるなど藩上層部の信望は厚かった。

しかし彼の学風は、朱子学批判の立場で、直接孔子や孟子の原典についてその厳密な真意や真理性を重要視する仁斎学であり、実践を尊ぶ南学影響下の土佐では評価は高くなかった。

土佐教学の再興のため京都から招かれたが、学問の分野では十分な業績を上げることはできなかった。しかし彼の業績として特筆すべきは『土佐州郡志』の編

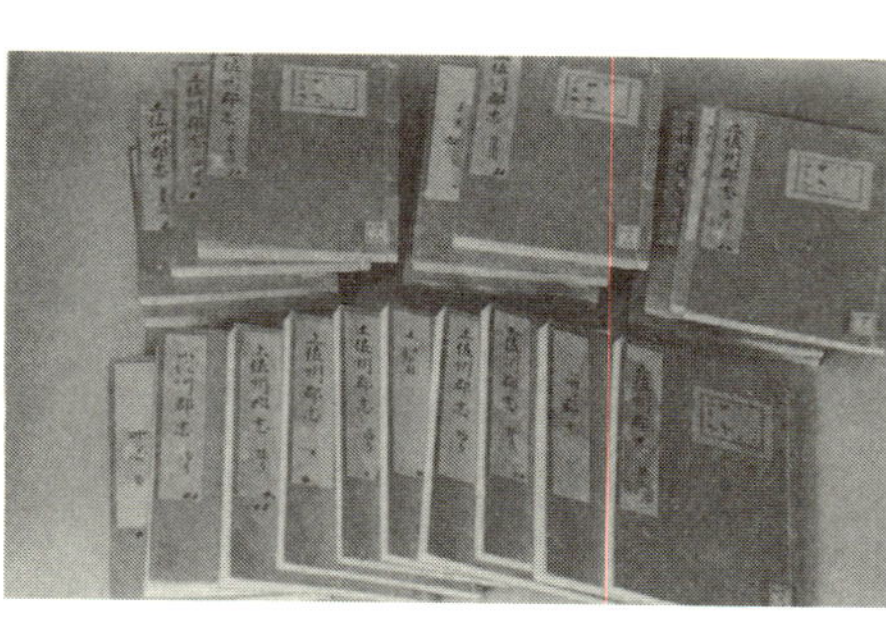

『土佐州郡志』

纂である。この書は藩政史や市町村史の研究には欠くことのできない史料と評価されながら、序文も跋文もないため、編者も編述年代もはっきりしなかったが、現在は緒方宗哲の編著と見られている。

宗哲は、侍読の任にある間に、山内氏入国以来の家史である『御記録』を完成したとも言われ、また『土佐偉人伝』には、宝永年間に五代藩主豊房の命により、『土佐風土記』を撰したともある。これらの記事をもとに『土佐州郡志』の内容からみても宗哲の編として間違いないとされている。また編纂年代についても、宝永四年（一七〇七）から宗哲死没の享保七年（一七二二）の間と考えられている。

『土佐州郡志』は全巻四七冊からなり、安芸、香我美（現香美市）、長岡、吾川、そして高岡を東分と西分に、幡多を上・下と各郡別に分冊し、村々を配列して記している。当時の郷・村・町・浦および庄ごとに、それぞれ位置、面積、土質、小村（枝村）、人物、戸数、孝義、風俗、土産（産物）、亭（建物）、寺社、山川、関梁、（関所や橋）、城跡、塁址（砦）、古跡などの項目にわたって特筆すべきものについては簡潔に記載されている。このように風土記的な記述であり、記載も平明で即物的で理解しやすい。このようなところにも伊藤仁斎の物事の真実性を尊ぶ学風が感じられる。

藩政期の土佐の村落の変遷研究にあたっては、寛保三年（一七四三）の『土佐國七郡郷村帳』や、文化十二年（一八一五）の完成とされる『南路志』などがあ

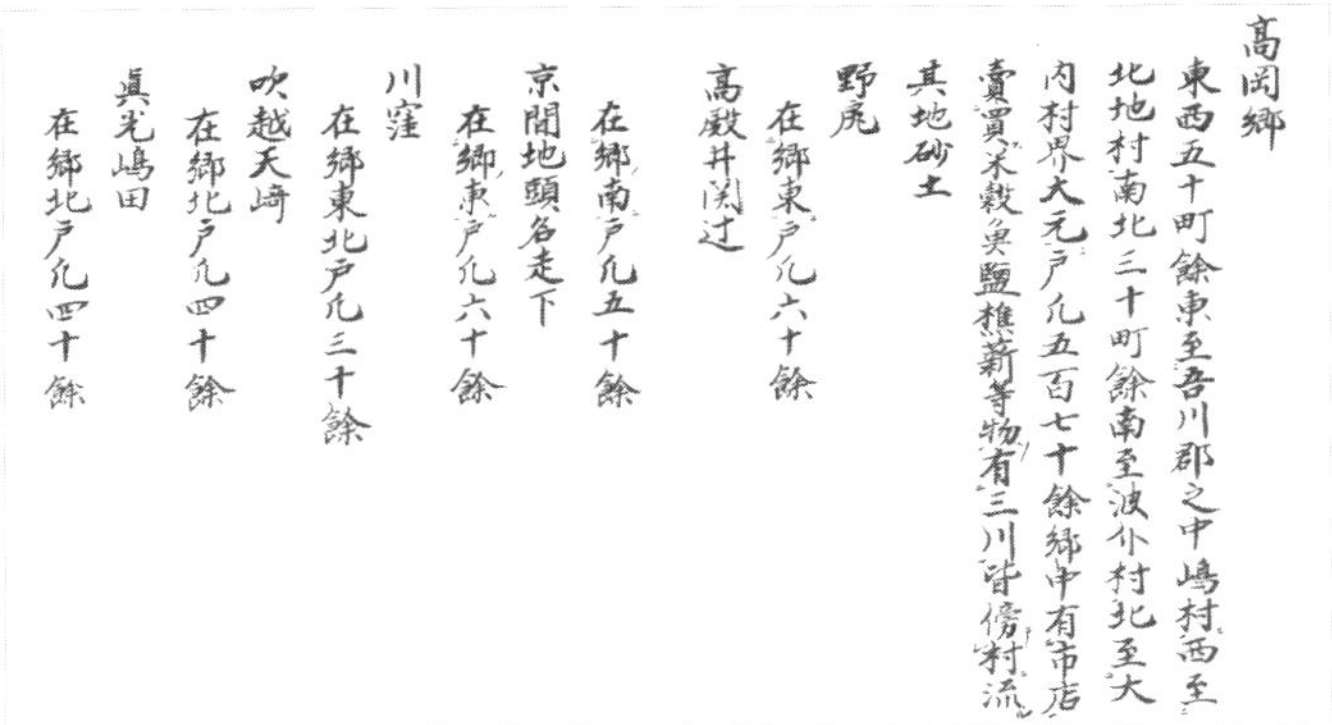
高岡郷
東西五十町餘東至吾川郡之中嶋村西至
北地村南北三十町餘南至波介村北至大
内村界大元戸凡五百七十餘郷中有市店
賣買米穀魚鹽椎薪等物有三川皆傍村流
其地砂土
野浪
在郷東戸凡六十餘
高殿井関迠
在郷南戸凡五十餘
京間地頭名走下
在郷東戸凡六十餘
川窪
在郷東北戸凡三十餘
吹越天崎
在郷北戸凡四十餘
眞光嶋田
在郷北戸凡四十餘

『土佐州郡志』「高岡郷分記述例」

る。『土佐州郡志』の成立は宝永四年から享保七年頃と考えられるからこの種の史料では最も古いものである。三史料の対比で土佐藩村落の変遷の実態を知ることのできる貴重なものである。

緒方宗哲は学問興隆の実はあげることはできなかったが、『土佐州郡志』は土佐近世史研究のためいまでも大いに活用されている。

「谷門の学」

藩政三百年の最高の学者とされる谷秦山《たにしんざん》の登場によって、南学の伝統はよみがえった。秦山は京都で山崎闇斎《やまざきあんさい》に学び、江戸にあっては渋川春海に天文や暦法・神道を学んだ。彼の学問に寄せる情熱は多くの学徒を集め、名声は高まり藩主からの信任も受け、元禄十五年（一七〇二）には藩の儒官に登用され藩士の子弟の指導に当たった。

宿毛に幽閉の野中兼山一族を訪ね、面会を求めたが果たせず、以来文通で師と仰がれ、婉との交流は続いたとも言われている。高知の緯度が三三度半と測定したことなど有名である。また生活は貧しく、若い頃は幡多郡まで売薬の行商にでかけ、父の死についても葬ることもできず、外出の衣類もなく食事のできなかったこともあったという。

宝永四年（一七〇七）五代藩主豊房没後の跡継ぎ問題に巻き込まれ、無実の罪で蟄居が命ぜられ、以来十二年の幽囚の生活の末、五十六歳で没した。

秦山の死後、七代藩主豊常、八代豊敷は秦山学派を保護し、三たび南学は興隆の時を迎える。秦山の子垣守・孫の真潮らは谷派の学問を受け継ぎ、秦山のすぐれた弟子たちと南学を発展させ、「谷門の学」として後世に伝えられた。

この学統こそ幕末の尊王思想につながり、土佐勤王運動の思想的基盤となった。

谷垣守・真潮屋敷跡

②教育の機関

藩主は家臣が武士の教養と道徳を身につけ、武芸を磨く教育施設を創設。郡附属学校も設立し、重臣も領内に学問所を開設し家臣の教育にあたる。五藤・深尾・伊賀氏設立の郷学から有能な多くの人材が輩出する

藩学の開始

徳川幕府の学問は儒学であった。各大名もこの幕府の方針に従って儒学を奨励し、藩主と側近の家臣たちは学者を招き講義を受けた。しかし藩士はこれには参加できなかった。したがって各藩主は、藩士の子弟の教育機関を設け教育にあたらねばならなかった。土佐では八代藩主豊敷は、藩の役所である南会所で、儒学や兵学の講義を上士の子弟に聴講させる会所講を始めた。家臣の教育を公に行ったのはこれが最初である。全国初の藩校、名古屋の明倫館に百三十年遅れていた。豊敷はこれを発展させて教授館（現土佐女子高等学校敷地）を設立した。就学は原則として武士の子弟に限定され、就学年齢を十五歳から四十歳までとし義務制であった。それ以前の八・九歳から一四歳までの間に書道と読み書きの基礎の学

教授館跡碑

教授館扁額名板
（『高知城下町読本』より）
（土佐山内家宝物資料館蔵）

習を終えていた。

　授業時間は朝五ツ時（午前八時）より夕八ツ時（午後二時）までであった。講義の中心は小学・四書・五経のような経書や史記・資治通鑑など中国の史書や国史などであったが、根本は朱子学によって人の道を明らかにすることであった。教授館は文事を主とする傾向が強く、刀槍術や弓術、砲術、馬術などの武芸については、弘化三年（一八四六）に本町に武芸所ができるまではほかの場所でそれぞれの師について修練しなければならなかったが、教授館での教育によって学問は大いに進み武士の教養は高まった。しかし幕末になり尊王思想の高まりは武術を尊ぶようになり教授館の衰えが目立つようになってきた。十六代豊範は山内容堂の志をつぎ、洋学摂取の必要を感じ文武館を設け藩校の刷新を図った。これは豊範に受け継がれ文武館が城西の河原町に建設された。これは慶応元年（一八六五）七月から致道館と改名され、文館と武館に分かれ教育された。文館では経学や史学、国学、蕃書（外国語）、兵学、書学などが講義され、武館では弓術や馬術、剣術、槍術、体術、砲術などの修練が行われた。士族のうち十五歳から二十九歳までは文武を必修とし、三十歳から三十九歳までは文武のうち好むものを選択でき、四十歳以上は本人の志望による修練ができた。

　天保三年（一八三二）には藩の医学教育も始まった。最初は教授館内で医学を学ばせていたが、十四年には帯屋町に医学館を設立した。弘化二年豊熙によって

致道館跡

沢流館と改められ、さらに慶応二年には新設された開成館へ移転した。純然たる漢方医学から洋式医学も導入された。これは明治三年に建てられた五台山の藩営病院に受け継がれた。

郷学校の教育

藩校に準ずるものとして、藩内の安芸、香美、高岡、幡多の四郡に郡附属学校と各郡に郷学校が設けられた。郷学校は最盛期には二八校あったと言われるが、領内の士族子弟を教育する目的で設立され郡府等の保護監督下に置かれたものと、家老や重臣が小規模藩校風に領地内に設けたものとがあった。それぞれに大同小異、現在その詳細は不明のものが多い。前者は郡附属学校では安芸郡田野の田野学校や幡多郡中村の行余館などがあり、後者では五藤、深尾、伊賀の三氏のものが知られている。

田野学校は、安政元年（一八五四）各郡に郡府を設置した時、その所在地に開設されたもので、文久・元治年間に最も栄え維新まで続いている。夏は朝六ツ時（午前六時）より四ツ時（午前十時）、冬は五ツ半時（午前九時）より正午まで、授業が行われ、文武両道の趣旨から漢学や習字はもちろん、剣術や柔道なども指導し、月末には小試験、春秋二期に本試験が行われている。生活面では厳しく粗暴な挙動のある者に対しては校内にとどめて指導もされている。

幡多郡中村の行余館は安政二年に設置され、内容は概ね田野学校と同じであった。明治初年最盛期を迎えたが明治五年（一八七二）の学制頒布で廃止された。

家老・重臣の教育機関

家老や重臣たちが領内に設けた郷学校には安芸の五藤氏による秉彝《へいい》学舎、宿毛の伊賀氏の講授館、佐川の深尾氏の名教館などがある。

秉彝学舎は安芸郡土居村東町に、寛政十一年（一七九九）家臣の子弟教育のために設立された。七歳から読書、習字、算術を学ばせ、十五歳で学校を終え、武技を習得させた。士族の子弟は必ず入学させたが、卒（足軽）の子弟の入学は認めなかった。しかし弘化年度（一八四四～四八）以降は学業篤志者についてのみ請願の上で入学を認めることもあった。登校は毎日、日の出前で、退校は正午であった。登校した者から順次備え付けの帳簿に姓名を記入させた。罰則は郡附属学校同様に厳しかったが、学習する上での生徒の負担はなく、設備や教師の給料、雑費、すべてが五藤氏の負担であった。

講授館は伊賀氏の学校で、幡多郡宿毛の土居に、天保以前から存在していたようである。天保二年（一八三一）以降講授館から文館に、そして日新館へと推移していったようである。この学校では、士族および卒の子弟は七、八歳から十四、五歳までは土地の慣習に従って家塾や寺子屋に入門させ、十五歳になると必ず学校に入学させた。学問は漢学、武技は弓術、馬術、柔術などを学び、特に領主に見込まれた者は他国にも遊学が認められ、学業・研究に専念できた。他方平民に子弟については入学は認めず、家塾や寺子屋で習字や算術を学ばせるにすぎなかった。

深尾氏の名教館は佐川町東町に、安永元年（一七七二）、ほかの郷学校に先立って創立された。入学の年齢は十一歳、入学の時は礼服で門出を祝ったと言われている。学術は主として漢学を教え定期試験などは行わず年齢の制限もなかった。経費はすべて深尾家の負担によった。幕末佐川深尾の領地から多くの勤王の人々が輩出し、勤王運動の中心となって活動した原因は、名教館によって育て上げられた勤王精神と反幕革新の新思想のあらわれといえよう。

庶民の教育機関

庶民の教育機関には私塾や寺子屋があった。

私塾の多くは民間の儒者が自宅に子弟を集めて漢学中心の教育を行ったもので、一般に生徒はほとんど男子、それに寺子屋より程度が高く、場合によっては教師

名教館碑文

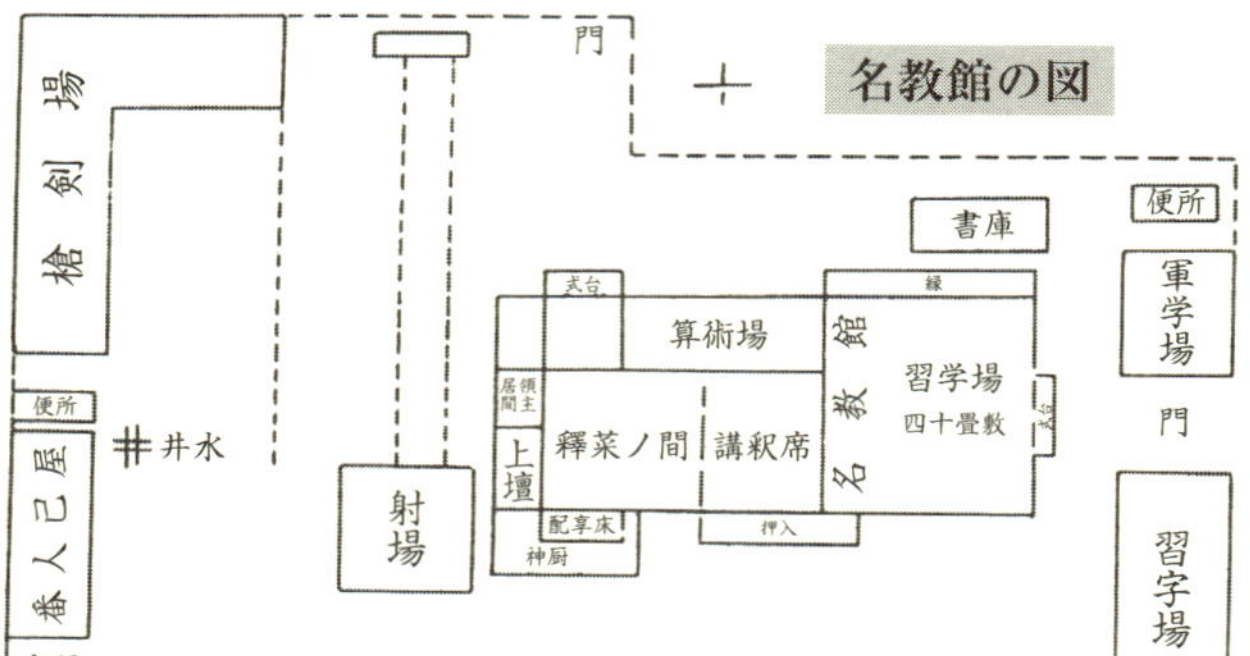

名教館の図

と生徒が寝食を共にするなど人格教育的色彩が強いものも少なくなかった。ただ藩全体でどれだけ多くの私塾が存在したかは寺子屋との関係もあって特定はしがたいが、代表的なものに安芸郡井口村の秋香村舎、香美郡赤岡町の北固私塾、土佐郡江の口村の成美塾、土佐郡升形の福岡孝済塾、土佐郡小高坂村の大谷茂次郎塾、吾川郡森山村の葆光軒などの記録がある。こうした私塾で教育された者の中にはのちに、尊王思想や新しい考え方を身につけ指導者として活躍した者も出た。

庶民の子弟にいわゆる読み、書き、そろばんを教えた私設の教育機関が寺子屋である。土佐藩全体で確実に存在したものは約二〇〇と言われているが、ごく素朴なものを含めれば、実際はこの数より遙かに多かったものと推定はできる。

寺子屋の師匠の身分は全国的には平民、武士、僧侶の順に多かったとされているが、土佐藩では医者が最も多く、ついで武士であり、この両者で全体の八割をしめたという。藩全域にわたって医者は存在しながらも、庶民の多くが貧困で患者が少なく、寺子屋を運営するのに十分な余裕があったものと考えられている。

寺子屋の師匠や弟子はほかの教育機関と同様に男子によってしめられていた。しかし田村佳尾塾のように女ばかりの特殊な寺子屋もあった。また私塾は一代限りがほとんどだが、寺子屋の運営は子々孫々に受け継ぐ例も多く、中には香美郡前浜の晩成舎のように前後二百六十三年に及んだものもあった。その他藩内の主な寺子屋には安芸の桂風堂、香美郡赤岡の琴月堂、長岡郡大埇の朗清堂、長岡郡

寺子屋風俗

浜改田の観瀾軒、土佐郡種崎の簡涼塾、土佐郡江の口の懈谷林亭、中村の鶴鳴堂・遊焉堂などが伝えられている。

こうした寺子屋では一般に言われる「読み、書き、そろばん」の生活に結びついた実用的教育が行われた。一般庶民とは言っても寺子屋で学べる者はたいてい地主や村役人の子どもであり、これらの者たちがのちの農村文化の担い手となる。

③

土佐の国学と学芸

南学・神道に国学が加わり幕府支配を疑いつつ尊王思想は形成される。
武士は窮迫、町人や農村庄屋・村役人は余裕の中に文化を身につけ育てていく。
学芸の世界も庶民のものとなって各分野で異彩を放つ人多し。

国学の発展

元禄の頃から日本の古典研究が盛んになってくる。こうした研究の中から古き時代を探究する気風も生まれてきた。『古事記』や『日本書紀』の研究が進められ、日本古来の道を説くようになった。これが国学である。

荷田春満は古語・古典の研究の重要さを説き、外来思想を排斥した。賀茂真淵は『万葉集』の研究から古代人の生活や思想にたち帰ることを説いた。そして本居宣長は『古事記』の研究から日本古来の精神に帰ることを主張した。古くからの教理からぬけることができなかった儒教に対し、国学は新しい学問であり、自由な研究も行われ、批判精神も強く、次第に日本中心の復古主義を強めていき、幕末の攘夷運動に強い影響を与えることになる。

土佐国学の源流は谷秦山であると言われるが、本格的な国学は谷真潮によって始められた。真潮は賀茂真淵について国学を学び、土佐に帰って国学の振興にも努めた。彼の門下からは、多くの南学徒や国学者が輩出した。楠瀬大枝や宮地仲枝、今村楽、安並雅景、中山厳水など国学ばかりでなく政界や史学界など多くの分野で活躍した人物が出た。

宮地仲枝の父、宮地春樹も本居宣長について学び、鹿持雅澄は仲枝に学んだ。鹿持は貧しさのなか福井の里の古義軒で古典を研究し多くの著書も残している。『万葉集古義』はその代表作である。

雅澄の妻菊子は武市瑞山の叔母である。武市は雅澄の影響を受けるとともに平田篤胤の国学も学んだ。武市瑞山によって結成される土佐勤王党の活動の底流でもある。

南学や神道に加え、国学が発達してきたことは、君臣の問題についても反省を促し、日本の元首は将軍よりも天皇であると考え、幕府の支配に疑いを持つような者が現れ、やがて尊王思想に発展していった。

谷　秦山門下表

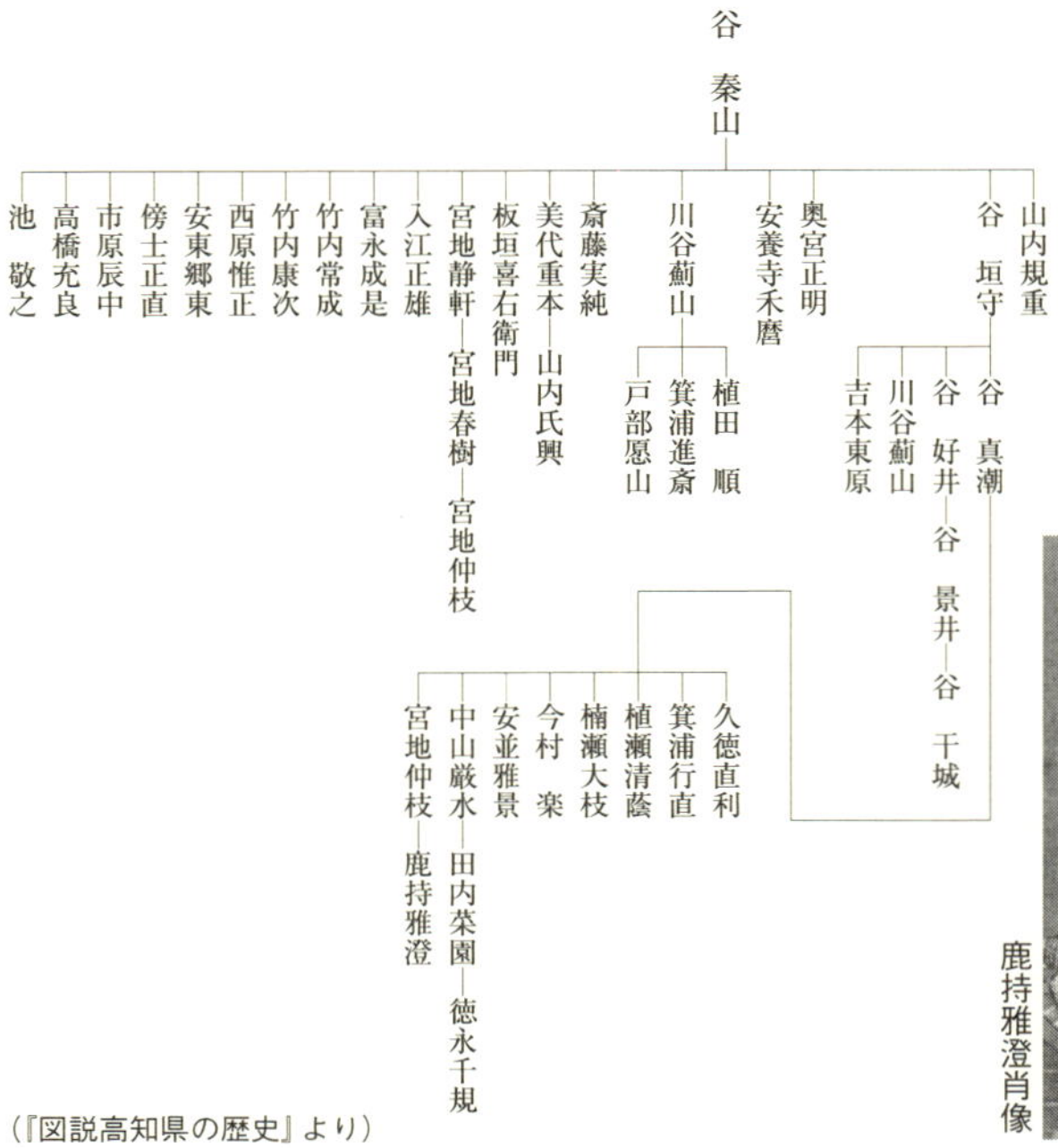

（『図説高知県の歴史』より）

鹿持雅澄肖像

商人から学者

時代が下るとともに武士の生活は苦しくなったが、町民は裕福となり、農村では庄屋や村役人たちは地主として生活に余裕ができてきた。学芸も庶民のなかに広がり、そこにまた文化もはぐくまれながら成長した。

商人から歌人になった大倉鷲夫がいる。津野山騒動で農民と対峙した問屋蔵屋の子孫である。曾祖父以来お目見の家格を許されたが鷲夫の代に破産した。鹿持雅澄の感化を受け、文政五年（一八二二）には大坂に出て本居宣長の養子大平のもとで学び、万葉風の歌を詠んだ。

儒者で書家でもある岩井玉洲は、今利屋庄平とも言われた。堺町のお目見の富商岩井与右衛門禄房の四男に生まれた。富永惟安に朱子学を学び、のち荻生徂徠の古文辞学に転じ、詩文や書にも秀でていた。著書には『吸江志』がある。

安芸郡伊尾木村の地福屋という商家から楠瀬恵恒がでた。少年の頃高知に向かう途中、西野地村（現南国市）の細川半蔵の家で自鳴鐘を見て感激し、以来物理学を応用しての製作に集中した。扇風機にあたる風出箱や一度に糸が二筋出る木綿車等の発明で有名である。空中を乗る船の製作に三年間取り組んだが成功しなかったというエピソードもある。

『南路志』を完成した武藤致和は、朝倉町の商家で美濃屋忠左衛門といわれた。古典を学び和歌や絵にも通じていた。『南路志』は子の平道と八年間かかって完成した、土佐の歴史や地理の大著であり、現在も大いに活用されている。しかし多くの財力を費やしての完成であり、美濃屋の家産は傾いたという。

武士から書家に

武士に書家として有名な人がいる。馬場一梯《ばばいってい》はその一人である。幼少の頃から屋代太軒《やしろたいけん》の門人となり書道・学問に精出し門下の逸材といわれた。上京しては浅《あさ》見絅斎《みけんさい》に儒学を学び、書は持明院基春《じみょういんもとはる》の持明院流の筆法を習得した。帰国後は永年にわたって書道教育に尽力した功績によって留守居組となり、五人扶持が給された。石立八幡宮や美良布神社にその筆跡を残している。六代目の子孫が明治の自由民権思想家馬場辰猪《たつい》でありその弟は馬場孤蝶《こちょう》である。

江村老泉の先祖は長宗我部元親に仕えた家老江村備後守親政の子孫である。元親の四国平定に功を立て長岡郡江村を領し小籠《こごめ》に居を構えていたが、元親が浦戸城に移転したため、江村家も長浜南宇賀の小田山の山麓に移った。その後山内氏に仕えた。

老泉は明和三年（一七六六）病死した父重良の跡を継ぎ、御歩行・三人扶持、切米三石を受けた。はじめは軍法を修めたが、宝暦七年（一七五七）と明和元年（一七六四）の二回にわたって江戸勤務を命ぜられ、その間、関鳳岡の門に入り書道を学び筆力に磨きがかかった。師の関家の流風を基本とし、その上、儒学者で書家でもあった細井広沢や、中国元代の能書家で書画ともに秀でた趙子昂らの影響を受け、「端正にして清楚、高い精神性を秘めた書」と評される書風を確立した。帰国後は門弟一〇〇〇人を数えたという。藩政への意見提言も行い、十数年の間に二十二石三斗となり、勘定頭御留守居組になっている。

老泉はまた自分がいま仕える山内家への敬意を忘れることはなかったが、旧主家であった長宗我部家へも誠を尽くしたという。京都の蓮光寺に詣でた時、長宗我部盛親の墓所の荒廃を嘆き、自ら出資して碑石を建てたとも言われる。

文化十一年（一八一四）年七十九歳で没した。文政二年（一八一九）十二月門弟たちによって長浜雪蹊寺境内に老泉の筆塚が建てられた。中正にして礼儀正しく己《おのれ》に対しては厳しく、人に対しては寛容な人柄で、多くの人たちに慕われたという。門人箕浦耕雨の銘文で、細木鶖仙の筆である。

南画二名家

土佐南画の二名家と称される橋本小霞《しょうか》と徳弘董斎《とくひろとうさい》がいる。

橋本小霞は楠瀬大枝に画を学び、書も巧みで篆刻の技も壬生水石から受けた。父の跡を受け徒士となり藩主参勤に従ってたびたび江戸に赴いた。その間春木南湖らに南画を学び、徳弘董斎や壬生水石らとも親交を重ねた。作品は花鳥は少なく蘭竹が多い。「元、明の画風を折衷し閑澹蕭散《かんたんしょうさん》の言葉のごとく、静かにしてよどみのない筆致で山水を写した」と評判は高い。門人も多く長野南山、高木晴江、池内兼涯、田所孤雲、高橋凌雲、別役春田などがいる。

徳弘董斎は西洋砲術家としても知られ、土佐藩西洋流砲術の起源といわれる人物でもある。天性の画才を持った人物で終生師につかなかったという。文政元年（一八一八）十二歳の時、藩主の団扇の画、御ふくさ、八丈島の図、翌年には七福神の図などを差し上げたというエピソードも伝わる。江戸では光明寺雲室や広瀬台山らの影響も受け、南宋画の春木南湖や南溟らとも親しかったという。慶応三年（一八六七）から明治三年（一八七〇）頃までに品格の高い膨大な山水や人物画を残し、橋本小霞とともに土佐南画の二名家として土佐の南宋画壇を牛耳った。

徳弘董斎肖像

近藤洞簫・中山高陽

近藤洞簫《こんどうとうしゅう》は「品格を論ずるもの洞簫をして西国第一」とされる画人である。幼いときから画を好み、一七歳で江戸に出て狩野洞雲益信に学んだ。師の洞雲から一字を授かり洞簫と号し、画風は狩野流の神髄をそなえているといわれる逸材である。藩主豊昌に重んじられ留守居組に抜擢され、更に御扈従格にまで進んだが、四十一歳の若さで没した。

詩や書にもすぐれた画人に中山高陽がいる。長宗我部氏の後裔で、長宗我部氏に敗れて後は商家となって阿波屋と称していた。しかし高陽は商業より学問を好み家族の支援も得て、学問は儒者の富永惟安について学び、書は細井広沢の書風の影響を受け（一説には江戸の関思恭に学んだともいう）画は彭城百川に学んだ。宝暦元年（一七五一）の頃から掛川町に稽古場を構え、詩文や書画の門人を抱えたという。

宝暦八年末に江戸にでて、江戸の文人墨客と広く交わり詩、書、画ともに磨きをかけた。以来明和の頃から晩年までは画、著作ともに充実した時期であったことは多くの書画や当時の著作からもうかがえる。安永九年（一七八〇）三月江戸からの帰国途中で没した。

画家・知識人河田小龍

河田《かわだ》小龍《しょうりょう》は画家であり、当代の知識人として著名である。十二歳で画家をめざし島本蘭渓の門に入ったが、間もなく林洞意の門に転じて狩野派を学ぶことになった。十六歳からは陽明学者である岡本寧浦につき、また奥慥斎にも教えを請うた。

天保十五年（一八四四）二十三歳の時吉田東洋に従い京坂に遊学し、書を篠崎小竹に、画を狩野永岳や南画の中林竹洞に師事している。嘉永元年（一八四八）京都二条城ふすま絵の修理に際しては、狩野門中より選ばれて師とともに従事したという。

嘉永二年には長崎に遊学し、四年には江戸でと、見聞を広める機会に恵まれた。そして五年、漂流より帰国した中浜万次郎を一カ月にわたり取り調べ、メリケン事情などをつぶさに聞き書きし『漂巽紀畧《ひょうそんきりゃく》』を著している。

坂本龍馬は、嘉永七年（一八五四）の秋頃、河田小龍と出会い、世界情勢などを聞いて大いに啓発されたという。彼から鎖国の不可能なことや、大艦の必要なことを聞き、夢を海に世界にと、拡げていったという。「貧乏な下級武士で、志ある秀才を用いるならば、人なきを嘆くことはない」という小龍の言葉に「きみは内に居て人を造り、ぼくは外にあって船を得べし」と約束して別れたという話は有名である。河田小龍は万次郎の訊問によって海外事情を知り、また、自らの遊学で広い視野と、鋭い時代認識をもった啓蒙家でもあった。

嘉永七年八月には田所右左次らと再度九州に渡り、薩摩の大砲鋳造法の絵を描くなど多方面の活躍もあった。

河田小龍生誕地

小龍は単なる画家ではなく、その知識は広く、多くの門人も集まった。浦戸町で開いた画塾墨雲洞の門からは長岡謙吉や新宮馬之助、近藤長次郎らの逸材が育った。小龍はこれらの門人を勝海舟のもとで学ぶ坂本龍馬のもとに送り、維新回天の大業を裏で支えた。

奔放な筆致の絵金

絵金の名で親しまれている町絵師の金蔵もいる。少年時代から絵が好きで絵に熱中した。十三歳で南画家の仁尾鱗江に学び、十六歳のとき、狩野派で藩の絵師であった池添楊斎（美雅）の弟子となった。

文化九年（一八一二）十八歳の春、駕籠かきとして江戸に出ることができた。江戸では土佐藩邸の画員であった前村洞和に師事したとも、駿河台の狩野家六代の洞益または七代の洞白陳信に入門し修業したとも言われている。三年後には師の一字を拝領して洞意の号を持って帰国し、家老桐間家の御絵師に抜擢された。林洞意を名乗り苗字帯刀を許された。髪結いの息子が絵師として藩士に列する驚異的な出世であった。

しかし生来の気性と天分、出世をねたまれて、狩野探幽はじめ狩野派諸名家の偽絵作りをしていたという汚名のもとに、土佐藩召し放ちと暇を遣わされ格禄も

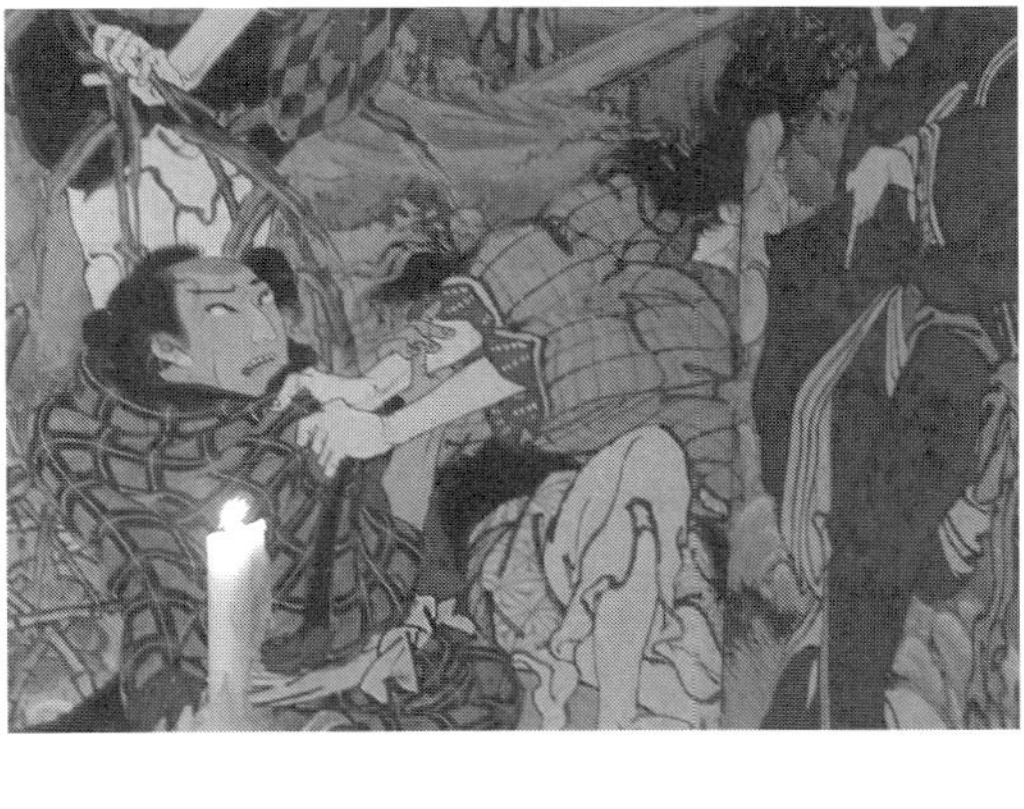

絵金芝居絵部分

奪われ、一介の画人金蔵に戻った。

しかしこうした事件が起こった時期やその顚末も、その後の絵金の足取りも明確ではない。こうした謎の歳月のなかで、県下中央部の在郷町や浦町商人の財力の庇護のもとに、夏祭りのための歌舞伎や浄瑠璃を題材とした芝居絵屛風や絵馬提灯などの制作に取り組んでいた。これを通じて独特の作風を樹立し、肉筆浮世絵師絵金の評価を高めていったのである。奔放な墨線の濃淡、泥絵の具を駆使した強烈な色彩は土佐の庶民たちを魅了した。

町医者弘瀬家の株を買い弘瀬雀七を名乗り、門弟は数百人ともいわれる。各地の紺屋や染め物業者がほとんどであった。

明治六年（一八七三）中風を患い右手の自由を失い左手で筆を執ったというが、その力量はすばらしいものがあった。

彼の芝居絵屛風にみられる独創性は、この時期土佐の民衆のエネルギーを増幅させたと評価されている。

郡頭神社絵金絵馬台

これも土佐

はりまや橋情話

坊さんと鋳掛屋娘の恋

土佐の高知のはりまや橋で
坊さんカンザシ買うを見た
ヨサコイヨサコイ

有名なよさこい節である。ころは幕末、安政の頃ともいう。はりまや橋で起こった出来事が、土佐を代表する民謡となって全国に広がった。話は純信とお馬の恋物語である。

主人公の女性お馬は、若者の噂の種になるほどの美人であった。その相手は仏の道にいそしむお坊さんであった。そのお坊さんがお馬へのプレゼントとして買ったのはカンザシであった。噂は広がり、僧侶である純信は寺にはおれず、二人は手を取り合って琴平まで逃げる。しかしそれは関所破りとなり捕らえられ土佐に連れ戻されて、番所で晒し者となり追放された。藩外に追放された純信からお馬に宛てた恋文が、画家河田小龍《かわだしょうりゅう》によって公開され、話題はいっそう広がっていった。

よさこい情話郷土人形

お馬は当時十七歳、長岡郡五台山村（現高知市）の鋳掛屋《いかけや》大野新平の長女であった。一時期追手筋の小倉六右衛門の家に女中奉公した時期もあったが、城下の若侍の間でも評判の女性だったという。

純信は高岡郡戸波村市野々（現土佐市）の出身で、父江渕要作は佐川深尾家に仕えた武家であった。九歳の時に京都に出て修行し、二十四～五歳で五台山竹林寺の脇坊妙高寺に入った。

この二人についてある書には「純信は、齢三十六と聞きしかど、最早四十歳に見えて顔色赤く、肥肉、鬢髪多くして美なる僧にあらざりしが、馬は十八とか聞きしかど、未だ十四五歳の少女の如き体格にて、肥肉、色白く眼清やかにて髪黒く先づ十分の美婦なりき。――」とある。

五台山竹林寺の脇坊妙高寺には、純信のもとで修行していた僧慶全がいた。慶全は眉目秀麗、白い衣に黒い袴、高雅な気品をもった若僧だったという。

お馬と母親は竹林寺の僧侶たちの洗濯物をあずかり、時々寺には出入りしていた。慶全はお馬の濃艶な姿にその魂を奪われた。慶全はひたむきにお馬を追ったが、お馬の心は慶全の師匠純信にあった。慶全はお馬を追う煩悩を抑えがたく、思い切ってお馬への贈り物に、はりまや橋の小間物屋でカンザシを買った。

「おかしなことやなはりまや橋で、坊さんカンザシ買いよった」

噂はたちまち広がり寺や檀家は慶全の非を責め、慶全は破戒僧の名のもとに下山追放の命を受けた。慶全は恋敵純信に一矢報

はりまや橋（明治期建造）
（『高知城下町読本』より転載）

いようと、カンザシを買ったのは純信と放言し、その噂を拡げようと画策する。失意の慶全は郷里柏島に帰り、土地の漁師の未亡人と夫婦になり生涯を終える。

　純信とお馬の恋の噂は広がる一方であった。純信も破戒僧となれば五台山に身をおけず、二人は手をたずさえ藩外に逃げていく。その行為は関所破りでもあった。琴平一ノ坂の旅宿高知屋で追っ手に捕らえられ、高知城下に引き戻された。詮議の結果純信は破戒僧とされ、かつ関所破りの罪のもとに、お馬ともども城下に晒された。山田橋番所で三日、思案橋番所で三日、そして三ツ頭番所で三日の日中見せしめのための晒しの罪であった。その後純信は藩外追放、お馬は仁淀川以西に追放と二人の仲は永久に裂かれた。この状況を「真覚寺日記」は安政二年（一八五五）七月二日の条に伝えており、時期はその頃のことであったろうか。

　話はまだ続く。藩外追放となった純信は、愛媛県川之江で岡本要の名で、寺子屋を開いて生計を立てていた。京からの帰りの河田小龍は、純信にお馬への手紙を書くことを勧めた。純信はお馬への愛情に満ちた手紙を河田小龍に託した。しかし手紙はお馬のもとに届かず、純信の思いも届かずに終わった。手紙は転々としながら、戦火で焼失したとも保管場所の火災で焼失したともいわれている。その写しは現存する。

おかしなことやなはりまや橋で
坊さんカンザシ買いよった

よさこい節の原型である。

　幕末の志士たちも、またその後の明治維新後の民権家たちも各地ではなばなしく活動した。よさこい節も各地で歌われたことであろう。その間「おかしなことやなはりまや橋で」では、はりまや橋がどこであるかわからない。そこで「土佐の高知の」に置き換え、「買いよった」は「買うを見た」に修正して歌ったものがいまに続いているのであろう。

　古い形に土佐言葉がそのまま出ており、おもしろく味もある。

第六章 幕末土佐と坂本龍馬

風雲急をつげる幕末の土佐、坂本龍馬活動の舞台である。

1

名君山内容堂

山内容堂・吉田東洋は公武合体路線を厳守するが時代はそれを許さなかった。大政奉還・江戸幕府の崩壊、そして戊辰戦争と歴史の歯車は回転する。新しい時代は気ぜわしく形成されていく。

公武合体路線の厳守

土佐十五代藩主山内容堂（豊信《とよしげ》）は、幕末の名君といわれた一人である。十四代豊惇の急死により豊惇の養子となっての藩主である。時代をよく見きわめ、学問を好み勇敢な行動は「英邁にして気鋭、文武両道にすぐれた藩主」と評されている。

嘉永七年（一八五四）幕府は日米和親条約を結び、大老井伊直弼《いいなおすけ》が登場し強力な幕府政治を進め、安政五年（一八五八）、勅許も得ずに日米修好通商条約を締結した。幕府の独断への怒りと、十三代家定の後継問題が絡んで政界の対立は激しいものがあった。

将軍の跡継ぎについて山内容堂は越前の松平慶永（春嶽）、薩摩の島津斉彬、

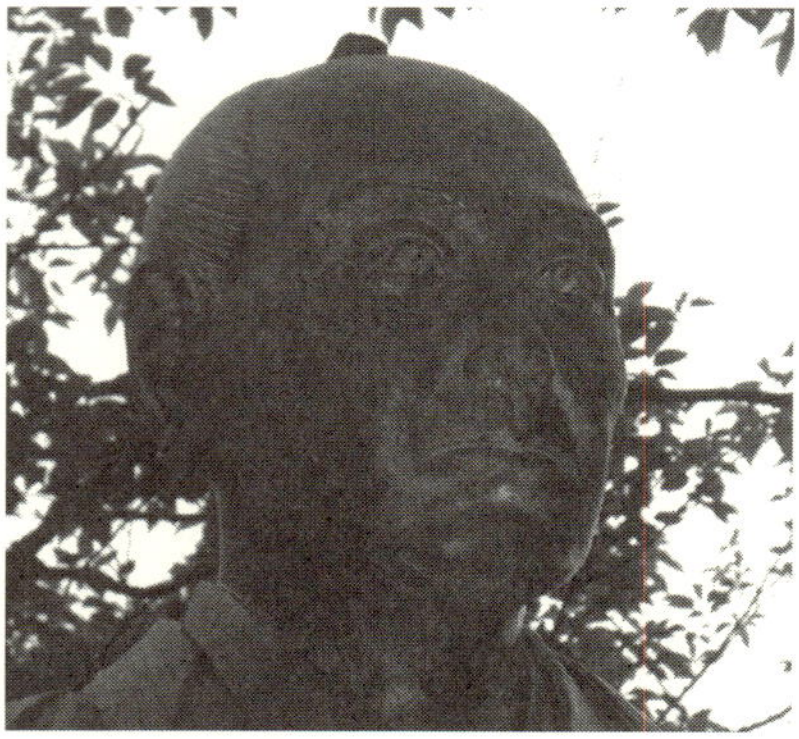

山内容堂銅像

宇和島の伊達宗城の三藩主とともに、徳川斉昭の子の一橋慶喜を擁立し幕威の高揚を図ろうとした。しかし将軍には紀州から徳川家茂を迎え、容堂らの活動は功を奏せずに終わった。ただちに井伊直弼は反対派の大名や志士の処罰に着手した。いわゆる安政の大獄である。容堂は隠居謹慎を命ぜられ藩主の座をおろされ、家督は養子の豊範に譲られた。しかし万延元年（一八六〇）、桜田門外における井伊直弼の横死は、薩摩や長州、土佐などの西南の雄藩の動きを活発化させ幕府を圧倒する勢力になっていった。薩摩の島津久光は京都を守り、土佐の山内豊範も上京して国事に尽くすよう朝廷の命令を受けた。文久二年（一八六二）四月には容堂も謹慎を解かれ、再び一橋慶喜や松平春嶽らと公武合体を推進していった。

土佐山内氏は外様大名ではあったが、島津氏や毛利氏と異なり、関ヶ原の戦いでは徳川方で戦った。また二代藩主忠義の夫人阿姫は家康の姪で養女であり譜代並みに優遇されていた。また容堂自身も、十二代藩主豊資の弟豊著の子で、母は平石氏の娘で、藩主就任についても分家の南邸からであり、その時には島津斉彬の援助と、幕府の好意があって実現したものである。祖先の恩義も含め容堂の幕府への恩義には深いものがあった。したがって薩摩の方針が公武合体論から倒幕論に変わっても、容堂は一貫して公武合体路線は変えず薩摩と長州と同一の行動をとらなかった。外国からの圧力や国内の関係も複雑になっているなかで、国内での分裂抗争は避けなければならないとするのは彼の信念でもあった。

藩政においては吉田東洋を参政に登用して、安政の藩政改革を行い、革新的な政策を実施し一応の成功はみた。東洋も容堂の公武合体を信じて藩論を進めたが、これは土佐勤王党と対立することとなり、文久二年四月、東洋は勤王党員によって暗殺された。以後勤王党が強力な政治勢力となり活動も活発となった。京都でも長州藩を中心に尊攘運動は盛り上がるが、これは容堂の考えには相反するものであった。文久三年八月の政変以後、容堂は土佐勤王党の弾圧を開始した。勤王党の首領武市瑞山らを投獄し土佐藩を公武合体論で固めた。しかし慶応三年（一八六七）十月には、時勢の流れと衰退する幕府の姿を見きわめ後藤象二郎の進言を入れ将軍の大政奉還を建白した。容堂は大政の奉還後も徳川家擁護に努めるが退けられ、薩長勢力に倒幕の考えを変えさせることはできず、鳥羽伏見の戦いでは容堂の意向を無視した乾退助のもと、土佐藩兵も官軍として幕府軍と交戦した。詩人肌酒を愛し、自ら「鯨海酔侯・五斗先生・酔擁美人楼」等と称していた。詩人肌のところもあり詩文も多く残している。少年時代は手に負えない暴れ者であったが、成人しても型破りの向こうっ気の強い殿様であったようである。明治五年（一八七二）六月四十六歳で没している。

吉田東洋の登用

吉田東洋の先祖は、長宗我部氏の家臣であった。吉田孝頼は長岡郡吉田城主として、長宗我部国親の妹を娶り国親の片腕となって活躍した。弟の重俊も、国親・元親二代に仕え、土佐統一戦において武名をあげた武将であった。

その子孫は山内氏に仕え馬廻りとなり、高知城下の帯屋町に住んだ。吉田東洋は十三代豊熙に登用され、郡奉行や、船奉行ともなっていたが豊熙の死後は辞職していた。しかしペリーが来航した時、幕府から送られてきたアメリカの国書を読みその学識が認められ大目付から参政の職に就いた。

嘉永七年（一八五四）六月のことであった。山内容堂は江戸鍛冶橋の藩邸で、親戚の旗本である松下嘉兵衛らを招いて酒宴をはった。江戸に勤仕中の吉田東洋はその時接待役として同席していた。その宴席で松下嘉兵衛が吉田東洋の頭に手をかけたのに対し、松下の頭を殴り返したという事件があった。ことは重大で容堂も東洋を罷免して土佐に帰し、蟄居を命じ城下からも追放した。東洋は融通のきかないところがあり、短気者だったともいわれ、若い頃に投網のことで口論となり、相手を殺してしまったこともあったという。

蟄居期間、東洋は吾川郡長浜村（現高知市長浜）に住み少林塾を開いて人材の養成にあたった。門下には後藤象二郎や福岡孝弟、神山左多衛、松岡時敏、市原八郎右衛門、麻田楠馬、大崎建蔵、野中太内、岩崎弥太郎、間崎滄浪などの英才が数多くいた。

吉田東洋

安政五年（一八五八）一月、再び登用され参政に就任し、人心の刷新と緊縮財政を目指し安政の改革を行い革新的な政策を実施した。大坂商人からの借銀で藩財政の赤字を埋め、木材や米の売却、酒や醬油の醸造や、砂糖、石灰、紙などの国産品の統制を強化した。農民には商品生産を奨励し厳しく口銀を課すなど人心の刷新と緊縮財政を目指した。

また、容堂の進める公武合体論の推進を図るため、藩論をその方向に進めた。これは保守的な人々からは反感をかった。東洋自身も朝廷と幕府の対立は回避しなければならないと考え、薩摩や長州とともに倒幕運動に走ろうとする勤王派の考えとは異なるものがあった。

大政奉還の建白

政権を朝廷に返還することを幕府に勧めるように藩論を統一した山内容堂は、慶応三年（一八六七）十月三日、その建白書を将軍慶喜に提出した。慶喜も時勢の推移を察しこの進言を受け入れ、十月十四日に政権を返上した。戦乱を避けることに尽くした土佐藩の功績は大きかった。

しかし薩長二藩は岩倉具視らとともに、幕府三百年の勢力を根底から破壊しなければ新しい時代の創設はできない、そのためには慶喜と会津・桑名二藩主の追討が必要であると倒幕の計画を着々と進めていた。倒幕の密勅が薩摩・長州にくだったのもこの日であった。

機先を制された倒幕派は十二月九日に政変を決行して、王政復古の号令を発し天皇中心の新政府を樹立した。新政府は新政の大綱を決める小御所の会議を開いた。山内容堂は元和偃武以来の徳川氏の功績と、大政奉還という徳川慶喜の決断をたたえ、徳川家の処分については寛大な擁護の策を提案した。松平慶永や後藤象二郎らも容堂を援助したが、岩倉具視や大久保利通らはことごとくこれを退ける強硬意見で、慶喜の官位と土地・人民の返上を主張し、結局「辞官納地」を命じることになった。

この処置には徳川家臣や会津、桑名など譜代の藩の激昂は当然である。十二月二十五日の幕府兵による江戸三田の薩摩藩邸焼き討ちが導火線となり、翌年正月三日薩摩・長州中心の新政府軍と幕府軍の鳥羽伏見における戦いとなって爆発した。幕府軍は敗北し、正月六日慶喜は朝敵の汚名を受け大坂城の守りを捨てて江戸に逃れた。

倒幕でまとまる

大政奉還後の土佐藩は、藩論の統一にはほどとおくむしろ藩が二分される危険性をはらむ不安定なものであった。門閥派を中心とする佐幕派は開国派と攘夷派に分かれ、改革派・倒幕派を中心とする勤王派も武力倒幕派と公議政体派に分裂し、それぞれに動いている状態であった。慶応四年（一八六八）一月三日の鳥羽伏見での薩摩・長州側と幕府側の衝突についても、容堂は薩摩・長州と会津・桑名の私闘とし、土佐藩兵の戦闘への参加は禁じていた。しかし翌四日土佐藩兵は官軍として、本格的に戦闘に参加した。容堂の意向は無視した行動である。これら土佐藩兵を指揮した隊長たちは、前年土佐藩の兵制改革によって乾退助が隊長に任命した者たちであった。しかし後藤象二郎は容堂の意を酌《く》みただちに藩兵を京都に引き上げさせるといった状況であった。

　乾退助は基本的には土佐勤王党と主張を同じくした人物であり、中岡慎太郎らとともに武力倒幕の策を進めていた。薩摩との密約の中でも、土佐から倒幕の兵をまとめて上京するとまで約していた。また容堂にも倒幕の時期は来ている、これに乗り遅れると「薩長の門に御馬を繋ぐこと」になりかねないと倒幕の進言もした人物である。

　一方後藤象二郎は公武合体をめざし、坂本龍馬らとともに大政奉還に向けて活動した中心人物であり容堂を支えた人であった。

　戊辰戦争で土佐藩の中核隊であった土佐藩迅衝隊は、軽格を中心に編制された特別編制部隊である。土佐では乾退助や小南五郎右衛門らが出兵の準備を整え、出兵命令を待っていた。出兵命令は谷干城によって伝えられた。部隊の総督は深尾丹波で、大軍監小南五郎右衛門ほか一名、大隊司令には乾退助が任ぜられた。右半大隊司令片岡健吉、左半大隊司令祖父江（土屋）可成、小軍監谷守部（干城）らで組織され、一月十三日致道館から京都をめざした。途中の川之江で高松・松山藩の二藩追討の勅令を知ったが迅衝隊は高松に向かった。松山へは別に高知から家老深尾左馬之助総督の一隊が侵攻した。両藩とも戦いに発展することなく恭順の意を示したため戦火は避けられた。

当時京都にいた容堂側の佐幕派は、乾退助が上京することを知り、退助の上京を阻止し土佐に帰すことを画策し使者を高松に派遣した。こうした動きを乾退助はすでに察知してか、丸亀から船で大坂をめざしていた。大坂に到着後、乾退助は自分を国元に帰すべく使者が高松に出たことを知り、一刻も早く京都をめざすべきと急いだ。佐幕派もまた迅衝隊大坂到着の報を聞き、入京禁止の使者を大坂に派遣した。しかし陸と船との行き違いとなり乾退助らの入京は成功した。早速乾退助は小南五郎右衛門とともに容堂に謁見し、容堂の薩摩・長州に対する怒りを解くよう説得し成功した。ここに至ってようやく藩論を武力倒幕に決することができた。容堂周辺の佐幕派も失脚、国元に帰された。

乾退助から板垣退助へ

朝廷側は朝敵征伐の名のもとに関東東征を企て、土佐藩にも出動命令が出た。乾退助は東山道先鋒総督府参謀として隊を統率した。土佐藩兵は京都から大垣に入った。ここで乾退助は姓を板垣に改める。改姓については甲府説もあるが、『東征記』などは大垣としている。江戸入りは甲州街道経由と決せられたのが大垣であるところからみれば、甲斐の民心への対策であろうから大垣説が支持できる。慶応四年（一八六八）「三月七日柏尾ニ於テ雌雄ヲ決セントスルニ当リ全軍僅ニ千五百人ニシテ如何ニモ手薄ニ覚エケレバ機知ニ富ミタル板垣殿ハ我コソ板垣信形ノ後裔ナリト称シ檄ヲ飛バシテ甲国ノ浪人ト兼武ノ神主ノ有志ヲ募レリ」（歌田昌幹手記『幕末維新』）とある。乾（板垣）の策は成功し、土佐藩軍への編入希望者は集まり、武田信玄の墓前で締盟して江戸に向かったという。

三月十四日土佐藩軍は内藤新宿に到着した。ここで甲州有志による断金隊や、分家の麻布山内家の家臣団によって組織された斉武隊も加わった。

江戸城総攻撃をめぐって、西郷隆盛と勝海舟の会見はこの時である。彰義隊も鎮定されたが、いまだ抵抗の姿勢を崩さない奥羽越列藩同盟の鎮圧は避けられない。戦闘準備は着々と進んでいた。

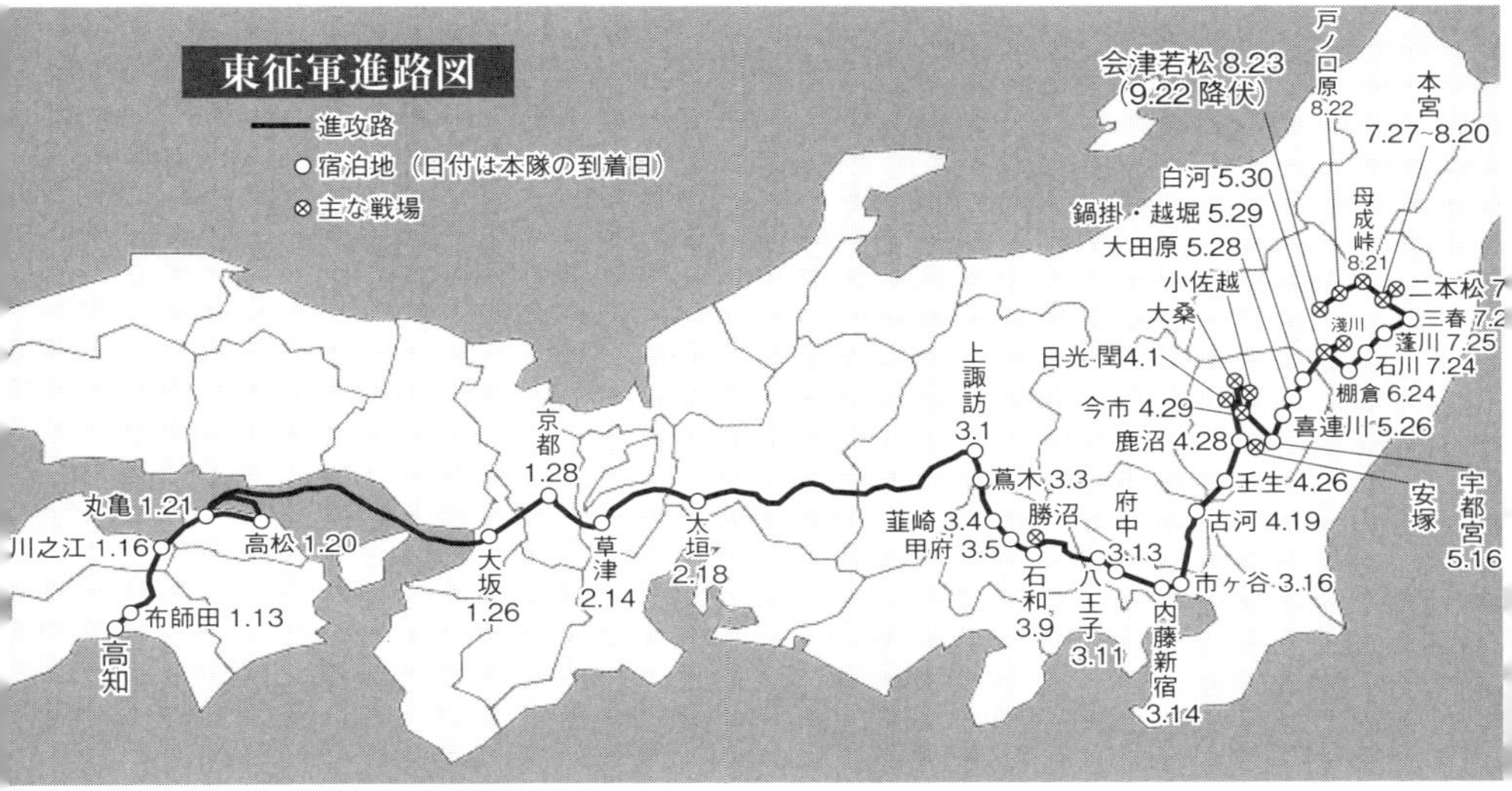

改編された迅衝隊

（京を出発した時点のもの。〔『東征記　壹』〕）

迅衝隊総督兼大隊司令──乾　退助
大軍監──谷　守部（干城）
大軍監兼右半大隊司令──片岡健吉
左半大隊司令──祖父江（土屋）可成
小軍監──秋沢清吉
参謀──大石弥太郎（円）
砲隊長──北村長兵衛（重頼）
第一番隊長──日比虎作
第二番隊長──小島捨蔵
第三番隊長──小笠原謙吉
第四番隊長──谷　神兵衛（重喜）
第五番隊長──宮崎合助
第六番隊長──真辺戒作
第七番隊長──山地忠七
第八番隊長──吉松連之助
第九番隊長──山田（土居）喜久馬（平左衛門）
第十番隊長──二川元助（阪井重季）
第十一番隊長｝この二隊は輜重衛──平尾左金吾（喜寿）
第十二番隊長｝──谷口伝八
輜重奉行──早崎兵吾

慶応四年四月十八日から二十三日にかけて土佐藩兵は東北諸藩の反抗鎮圧に出陣した。

日光での戦いでは板垣退助を「日光の恩人」とする逸話が残っている。板垣退助は日光山内での戦いを避けるため末寺の僧を使い、山内に籠もる大鳥圭介率いる東軍に山を下りるよう説諭した。いうまでもなく日光は賊徒の先祖の墓所である。灰燼と化してもやむを得ない。だが板垣はこれを惜しんでの説諭であった。東軍もこれに従って山を下りたという。板垣の功績をたたえての銅像が、昭和四年（一九二九）十二月建設された。本山白雲の作である。当時白雲の弟子であった横山隆一は、像の草鞋作りを担当したという。昭和十九年に戦争のため供出されたが、戦後再建されいまも健在である。

板垣退助肖像
（『板垣退助君伝記 第四巻』より）

会津落城

慶応四年（一八六八）八月二十三日、土佐藩は会津若松城包囲戦に突入した。一カ月の包囲戦になったが、米沢、仙台藩の降伏についで九月二十二日には若松城も落城した。この戦いが板垣退助にとってはのちに自由民権運動を主唱する契機になったとも言われている。『自由党史』は「板垣退助の山道王師の参謀となり、馬に杖いて東北に転戦し、撥乱反正の功を奏するや夫の会津が雄藩を以て称せらるるに拘わらず、その亡ぶるに方《あた》って国に殉ずる者、僅かに五千の士族にすぎずして、農商工の庶民は皆な荷擔して逃避せし状を目撃し、深く感ずる所あり」と記している。会津は確かに強力であった。しかし武士と民衆の間が一致和合していなかったため西軍によって簡単に攻略された。国家というものは国民すべて平等で、国家のため団結して尽くしてこそ、豊かで強力な国家づくりにつながるという思いを板垣退助は抱いたのである。

会津若松の落城は、東北諸藩の抵抗の事実上の終結を意味した。米沢藩上杉氏はすでに九月に降伏しており、仙台の伊達氏、福島の板倉氏も降伏を請い、庄内藩の酒井氏も盛岡藩の南部氏も帰順した。「白石同盟」に参加していた各小藩もこの前後にすべてが降伏し、東北の戦乱に終止符がうたれた。

また江戸湾から脱走の榎本武揚の艦隊と、東北の戦いから脱走した大鳥圭介の陸軍は、北海道で箱館を占拠して仮政府を樹立し、榎本武揚が総裁に就任した。この抵抗は、明治二年五月の五稜郭の陥落まで続くが、土佐藩兵は箱館の戦争には参加の機会が与えられなかった。

出征していた諸隊は相次いで高知に凱旋した。十二月朔日には致道館において恩賜の酒がふるまわれ、仁井田の浜では砲銃の一斉射撃による戦没将兵の慰霊祭も行われた。この戦いに出征した土佐藩兵の総数は二七一七人、うち戦死者は一〇六人、負傷者は一六八人であった（『復古外記』）。土佐藩の犠牲者が薩摩藩や長州藩に比べ少ないのは箱館戦争に参加しなかったのも一つの理由であろう。

自決した者たち

この戦いの陰に二人の切腹者がいたことも付記しておこう。一人は山内摂津守豊福であり、一人は迅衝隊第一四番隊長森本貞三郎である。山内摂津守豊福は、土佐山内家の分家で歴代麻布に住み、一万三千石の麻布山内家の、初代伊豆守一安から八代目の大名である。幕軍は鳥羽伏見の戦いで敗れ、徳川慶喜は大坂を脱出し江戸に逃れた。今後の進退について江戸城会議が開かれた。この会議は主戦派が強かったのは当然である。摂津守は主戦派に同調した。麻布の屋敷に帰り京都の事情を知った。それは山内容堂は徳川援助を断念し、ひたすら自重して軽挙を避けよ、というものであった。摂津守は窮地に陥った。江戸城会議の約束を破り不信のそしりを受けるか、京都からの勧告を無視して不義の名を受けるかと苦しんだ。自決の覚悟を家臣に告げた。家臣は自決は思いとどまり、しばらく時勢の動きを観望するように説得した。しかし豊福は切腹し三十三歳の命を絶った。典子夫人も二十八歳で殉死しその跡を追った。江戸城会議の後、もう一人の大名の切腹があった。信濃国須坂城主の堀直虎である。会議で彼の恭順論が入れられず、江戸城の西丸老中詰所の廊下での自殺である。山内豊福と同じ三十三歳であった。大名二人の犠牲者を出すほどの江戸城の混乱と切迫の状況が知れる事件である。

森本貞三郎の切腹の理由は「不届の儀」と簡単であった。会津落城後、みなが戦勝に酔っている慶応四年（一八六八）十月二十日、宿陣であった芝の安養院での自刃であった。森本氏は長宗我部氏以来兵学家として知られ、山内氏に仕えても兵学を家の職として世襲してきた。したがって戦術についても独自の見識を持っていた。会津攻撃にあたって、板垣総督の作戦を厳しく批判したことが板垣の耳に入り、心証を害したのが切腹の秘めた理由とされている。

訴えるところのない一隊長のさびしい死が、この戦争の陰に秘められている。

② 土佐勤王党の躍動

上士・下士の対立は激化し同志は死報国・挙藩勤王の活動を展開する。
脱藩・挙兵・弾圧と土佐勤王党の哀史がくりひろげられる。
時代は坂本龍馬の登場を期待する。

武市瑞山と土佐勤王党

土佐の勤王派の活動は、天保の頃から次第に高まってきたが、「土佐勤王党」結成の動機は安政の大獄で容堂が処罰を受けたことであった。

文久元年（一八六一）、当時江戸にいた香美郡野市の郷士大石弥太郎は、武《たけ》市《ち》瑞《ずい》山《ざん》（半平太）に、天下の情勢と勤王の大義を説き同志の団結をすすめた。同年八月、瑞山は同志を集めて錦の御旗のもとに一死報国を誓い、「尊王攘夷」の実行をめざす土佐勤王党を結成しその盟主となった。大石弥太郎が盟約書を起草した。党員は郷士や庄屋をはじめ、下士など身分の低い者が多く、吉村虎太郎や中岡慎太郎、平井収二郎、間崎滄浪、坂本龍馬など二百余人がその名を連ねた。瑞山らは土佐藩の方針を薩摩や長州と同じく「尊王攘夷」の方針にもっていくよう東洋

武市瑞山銅像（須崎市横波三里）

に進言するが、東洋はその主張を書生論として一蹴する。

文久二年四月八日の夜、東洋は城中から帰宅途中、帯屋町において那須信吾らの勤王党員によって暗殺された。こうした行動は、公武合体を推進する山内容堂の考えには反するもので、勤王党への藩の圧迫は当然である。こうした情勢の中で、土佐藩のなかでの活動に見切りをつけて脱藩し、藩の枠を超えた広い世界で活躍を目指す志士もいた。坂本龍馬や中岡慎太郎らはそれである。

文久三年八月十八日、京都において公武合体派による政変が起きた。尊王攘夷派が失脚し、公武合体派がこれに代わる政変であった。土佐藩でも公武合体をかざす容堂によって土佐勤王党への弾圧が強化された。九月二十一日には武市瑞山はじめ島村衛吉や河野敏鎌など多数の勤王党員が捕らえられ投獄された。国外においても、九月二十七日には天誅組の吉村虎太郎が鷲家口《わしがぐち》で二十七歳の最期を遂げ、京都禁門の変には長州隊の中に土佐勤王党員も加わり、松山深蔵や那須俊平、千屋菊次郎《ちやきくじろう》などの死者もいた。

土佐においても投獄された瑞山の釈放を要求して、安芸郡野根山に清岡道之助以下二三人が屯集した。いずれも時勢に憤激した郷士や庄屋、医師に足軽、それに民兵たちであった。蹶起は失敗し阿波に逃れたが、捕らえられ土佐藩に引き渡され、奈半利川の河原で処刑された。元治元年（一八六四）九月五日のことである。また投獄された瑞山の弟田内恵吉は服毒自殺し、島村衛吉は拷問死、瑞山も罪

武市瑞山生家

を認めることなく慶応元年（一八六五）五月十一日切腹を命ぜられた。獄中手記「笑泣録《しょうきゅうろく》」と自画像、それに添えた

花は清香によって愛でられ　人は仁義を以て栄ゆ
幽囚何ぞ恥ずべき　只赤心の明あるのみ
燕雀は時を得て壇にし　蒼鷹は暗やみに向って眠る
如何せん幽獄の裏　慷慨只天を呼ぶのみ

の詩は有名である。三十七歳であった。

同志の多くは斬られ、獄死して、悲壮な最期を遂げた。土佐勤王党の活動は実をむすばなかった。この土佐勤王党の哀史こそ土佐藩最大の悲劇とされている。

武市瑞山の墓

野根山二十三士

元治元年（一八六四）、田野の郷士清岡道之助を首領として、安芸郡下の尊王攘夷派二三人が、北川村野根山に集結し、藩に対し、「藩政改革、攘夷、瑞山の釈放」の嘆願書を提出した。「私たちは、軽輩ながら、殿様のご恩はなによりも有難く、ひとえに土佐守様の馬前で討死することだけを願うものである。国事につき思いが激しく、やむを得ず紙面にしたためて差し上げる次第、どうか出すぎた点をお許しいただきたい。ここに屯集していることが罪にあたるならば、後日ど

のような処罰でも処していただきたい」(原漢文)との嘆願書である。これに対し藩は嘆願の内容は全く問題にせず、ただちに徒党強訴とみなし、召し捕らえを命じ、手むかいする者あればその場で殺してもさし支えないとの方針を示した。当時藩の大監察であった後藤象二郎は吉田東洋派であり、乾退助(のち板垣退助)もまた武断派であった。ともに容堂の側近にあって勤王運動弾圧の先頭に立っていた。藩は討伐の軍を送り、道之助ら一行は一時阿波まで逃れたが、蜂須賀氏の兵に捕らえられ郷里の田野に送還されて、安芸郡奉行所岡地の獄舎(現在の中芸高校)に入った。藩の方針は徒党、強訴、他領逃亡の行為そのものが「不届至極」で、その罪については吟味するまでもない、現地において速やかに処刑せよであった。麻田楠馬、森権次、乾退助、後藤象二郎らの署名入りの命令書であった。藩権力と直接向かい合い、己《おのれ》の信念を披露し、死はその後と信じていた彼らを迎えたのは、すでに小笠原唯八など役人は席につき準備された奈半利川原の刑場であった。

役人は各罪人に酒と肴をすすめた後処刑を宣告した。二一名の氏名に続いて「右ノ者徒党ヲ募ッテ兵器ヲ携エテ野根山ニ屯集シ強訴ノ上謀叛ノ所業セシメツイニ阿州へ遁亡スル不届至極ノ科ヲモッテ打首ヲ仰セツケラレル」というのである。そして清岡道之助と清岡治之助に対してはその後に「於雁切川原　梟首三日晒　以後抜捨被仰」と付け加えたものであった。

刑場には一メートル四方で、二〇センチほどの土が盛られ、その上に筵が半分掛かるようにしかれていた。二三人は一人ずつ白布で目隠しされて連れて行かれ処刑された。終わると首切り役人が足で筵をはねて死体に着せて終わった。真っ先は十六歳の木下慎之介で、全員処刑が終わったのは午前九時だったという。

二三人の遺骸は道之助の遺言によって福田寺に葬られた。ただ道之助と治之助の首は高知城下の鏡川の雁切河原で三日間晒されての帰郷であった。道之助の妻静子は、亡夫の頭髪に櫛を入れて整え、作法に従い柄杓の柄で首と胴をつないだという。

よしやこの　土にかばねは埋むとも　名をば千歳の松にとどめん

夫の霊を慰めて、夫人は詠んだ。今も墓前の自然石に刻まれて残っている。

脱藩志士の動き

文久二年（一八六二）三月、吉村虎太郎と宮地宜蔵《みやじぎぞう》は脱藩した。吉村虎太郎は武市瑞山の使いとして、中国、九州を探索した。その報告をし瑞山に挙兵を進言したが、一藩勤王をめざす瑞山に応ずる様子がないので脱藩を決意した。三月六日宮野々の関を越え、翌日長浜で宮地宜蔵と落ち合い中国路に入った。四月二十四日には上京し伏見についたが、寺田屋事件警戒中の薩摩藩士に捕まり薩摩屋敷

野根山二十三士の墓

静子の和歌碑

に収容された。土佐に護送され牢獄生活を送り翌三年には出獄した。宮地は二十六歳で病死するが、吉村は再度上京し、尊王攘夷派の中山忠光卿と行動をともにした。文久三年八月には大和国五条の代官所を襲撃占拠したが敗北する。いわゆる天誅組の乱である。中山卿は落ち延びさせることはできたが吉村虎太郎は九月二十七日、鷲家口で藤堂藩兵の銃撃に倒れた。二十七歳であった。この挙兵に参加し、那須信吾、鍋島米之助、前田繁馬、森下幾馬、楠目盛馬の五人は戦死し、安岡嘉助、安岡斧太郎、田所騰次郎、土居佐之助、沢本幸吉、森下儀之助、島村省吾の七人は追討軍に捕らえられて、翌年二月二十六日京都で斬られた。中山忠光卿を守って危地を脱した島浪間も、元治二年（一八六五）二月二十二日備前の美作土居の関門で賊徒に間違えられ、武器を持った郷民に囲まれ事情は説明したが理解されず進退に窮し自害した。

池内蔵太は、土佐勤王党の結成には尽力するが、文久二年（一八六二）六月には御歩行《おかち》★となり、翌年三月には藩命で江戸に出ていた。しかし保守的な藩論にはあきたらず江戸をでて京都からの帰路、大坂で消息を絶ち脱藩した。長州に行き外国船襲撃の遊撃隊参謀として、また天誅組挙兵では洋銃隊長として活躍した。忠勇隊★にも加わり禁門の変にも参加した。坂本龍馬とは下関で出会い長崎で亀山社中を組織した。その社中が新しく薩摩から購入した洋型帆船ワイルウエフ号の乗組士官として航海就業中に、肥前五島沖で沈没し溺死した。

▼御歩行
藩主の警護役。

▼忠勇隊
諸藩の脱藩浪士が中心となって結成された長州藩への合力部隊。

維新の門銅像

上田宗児は文久三年脱藩し天誅組の挙兵に参加する。のち長州藩に抱えられ遊撃隊に参加し後藤深造と改めている。慶応三年（一八六八）正月三日伏見の戦いで戦死した。二十四歳であった。

伊吹周吾は石田英吉と改称して長州藩に身を寄せた。坂本龍馬が海援隊を組織すると、高松太郎らとこれに加わり活動する。明治に入り秋田県、長崎県、千葉県や高知県知事を歴任する。第一次伊藤内閣では農商務大臣に、また貴族院議員として活躍する。

坂本龍馬と沢村総之丞は文久二年（一八六二）三月二十四日に、四月八日には吉田東洋を暗殺した那須信吾、安岡嘉助、大石団蔵らがただちに脱藩する。

中岡慎太郎は文久三年九月五日に脱藩し、九月二十二日には松山深蔵、千屋菊次郎が、そして二日後の九月二十四日には上岡胆治が脱藩している。

元治元年（一八六四）六月五日の夜、池田屋事件が発生する。新撰組が京都三条河原町池田屋に集合し密議中の尊王攘夷派を急襲し、二十数名を殺傷・捕縛する事件である。この急襲に望月亀弥太、北添佶磨《きたぞえきつま》、石川潤次郎、野老山吾吉郎《ところやまあきちろう》、藤崎八郎らが命を落とした。

長州に身を寄せ禁門の変において忠勇隊に参加し、七月十九日の堺町御門の戦いで上岡胆治、尾崎幸之進、中平竜之介、伊藤甲之助、柳井健次、那須俊平の六名は倒れ、天王山まで逃れた一七人のうち、土佐脱藩の松山深蔵、千屋菊次郎《ちゃきくじろう》、能勢達太郎、安藤真之助の四人が二十一日に自刃した。

新撰組には土佐脱藩の志士はよくねらわれた。大利鼎吉《おおりていきち》は元治二年（一八六五）正月八日、田中顕助（光顕《みつあき》）らと大坂で画策中新撰組に襲撃され、大坂松屋町で殺害された。田中らは大和十津川に逃れた。翌二年九月十二日夜には、同志たちと痛飲の後、京都三条大橋で橋畔に建てられた「朝敵長州」云々の高札を抜き捨てたところを新撰組に襲われ、藤崎吉五郎と安藤鎌次が闘死、宮川助五郎は重傷を負い捕らえられ壬生の屯所に収容されるという事件もあった。

このほか、宮地宜蔵《みやじぎぞう》や豊永伊佐馬《とよながいさま》は京都で病死し、山本兼馬《やまもとかねま》は不治の病と知って太宰府で自刃する。長崎で海外渡航の計画が亀山社中の仲間に露見し、秘密裏の行動を責められ切腹した近藤長次郎、禁門の変敗北後、三田尻に引き返したが忠勇隊の同志と意見が合わず、責めを負い割腹した田所壮輔や、酒に酔い通行人を殺害しその責任をとって自刃した窪田真吉などがいる。

脱藩の志士たちにもさまざまな運命があった。

近藤長次郎
（写真提供＝高知市文化振興事業団）

③

坂本龍馬の登場

新しい国家構想に、世界の海援隊にと、龍馬の夢は果てしなく広がっていった。「龍馬は象二郎よりも磨高大で説も面白い」とその存在は大きかった。時代の変革をめざし東奔西走するが志半ばで凶刃に倒れる。

龍馬　青春の道

坂本龍馬にとって北山、立川の道は青春の道であった。嘉永六年（一八五三）三月、十九歳の春、剣術修行に溝渕広之丞と江戸に出かけた時も、安政三年（一八五六）八月、江戸再遊の道もこの道であった。そして安政五年十一月水戸の遊説使らとの会談の場もまたこの立川であった。

ここは参勤交代における北山越えの土佐最後の宿所であると同時に、国境警備の要衝の一つであった立川番所がある。六代藩主豊隆の頃より参勤交代の道はそれまでの海路から陸路に改められた。いまも道沿いに藩主休息の跡や警護の侍たちの宿所、警護屋跡、金比羅詣での天保七年の常夜灯など、街道を物語るものがある。この立川番所は、安芸の野根山越えの岩佐や、吾川の名野川と並ぶ重要番

坂本龍馬像

所で警戒も特に厳重であった。大きな茅葺きの番所屋敷は「立川御殿」と呼ばれ国の重要文化財に指定されている。

立川番所から五〇〇メートルほど登ると荷宿という所がある。産物や商品の荷物の集散地からきた地名だろう。この付近が坂本龍馬らと水戸浪士との会見の地とされている。安政五年十月十七日水戸浪士住谷寅之助と大胡聿蔵は立川番所まできた。当時大老井伊直弼と対峙し続ける水戸藩士らは、他藩の藩士の支持を受け、あわよくば同一行動をと願っての遊説であった。だが入国手形を持たなかったため立川からの入国は不可能であった。住谷は江戸の千葉道場でその修行ぶりを知っていた龍馬に、入国斡旋を求めたものであろう。坂本龍馬は川久保為助、甲藤馬太郎らとともに二十三日夜、雨中をかけて立川まで出向し、荷宿の木屋岩吉の家で会談した。この会談について住谷寅之助は『廻国日記』の中で「龍馬誠実可也の人物、併せて撃剣家」と記してはいるが、中央の政治情勢にはうとく世間知らずだ、また同行の二人も政治には無関心と、失望の色を見せて立川を去っている。このとき龍馬二十四歳、江戸の千葉道場で剣術一筋に生きて帰国の直後のことであり、まだ本格的に政治へ目覚めた時期ではなかった。甲藤馬太郎らも二十一歳の若さであった。龍馬の本格的な政治への目覚めは土佐勤王党加盟以後の二十七歳頃と見るべきだろう。

立川番所跡

蝦夷地をめざす龍馬

文久三年（一八六三）五月二日、越前敦賀の港から北海道をめざした土佐勤王党の志士がいた。北添佶磨、能勢達太郎、小松小太郎、安岡斧太郎らであった。ロシアの北方侵攻への危機感が彼らを蝦夷地にやったのである。彼らは箱館から中富江、江差、さらに南部、仙台藩までの視察を終え、江戸に帰ったのは、七月八日であった。江戸では剣術修行で縁のあった千葉重太郎の所に身を寄せ、勝海舟にも紹介され、北方での見聞を大いに語る機会に恵まれた。龍馬もこの時聞いたのか、あるいは後日かはわからないが、彼らの語った「北地の談」が龍馬の蝦夷地への夢の萌芽となった。蝦夷地の防衛・開拓と貿易は「海外ニ志アル者」（海援隊約規）に通じるものである。

元治元年（一八六四）六月、龍馬はこの構想の実現に乗り出した。彼は、黒龍丸で江戸に向かう途中、下田港に寄港していた勝海舟を訪ねている。京都や大坂の過激志士への弾圧は日ごとに厳しさを加え、龍馬は同志をこの危機から救う必要性に迫られていた。志士たちのエネルギーを蝦夷地につぎ込むべく、幕船黒龍丸で移送する計画を持っていたのである。しかしこの計画は池田屋事件と禁門の変によって砕かれた。いずれも尊王攘夷派の勢力挽回をあせった志士たちの過激

長府藩士三吉慎蔵が所持していた龍馬の写真（三吉治敬氏蔵）

な行動の結末であった。池田屋事件で北添佶磨と蝦夷地移住に意欲的であった望月亀弥太を失い、禁門の変では能勢達太郎を失った。小松小太郎はすでに病死しており、安岡斧太郎も天誅組に加わり斬首されていた。こうした事件により、多くの同志や、蝦夷地視察の人材を失い計画は頓挫せざるを得なかった。

しかし龍馬はあきらめなかった。池田屋事件、禁門の変、神戸海軍操練所の廃止と慌ただしい中で、薩摩に接近し、亀山社中を組織して活動を開始した。北方移住についても、鳥羽藩士印藤肇などに「新国を開き候ハ積年の思ひ一世の思ひ出」「一人でなりともやり付」と熱い思いがみなぎる書面を送っている。また「北方行きの船」の準備も万端で、土佐海援隊長として「いろは丸」をもって、海運業と蝦夷地行きも考えていた。慶応二年（一八六六）には「大極丸」も購入した。しかし「いろは丸」は四月二十三日に紀州軍艦「明光丸」と衝突して沈没し、「大極丸」も購入にまつわる悶着がその実現を妨げた。こうした事情で計画中断を余儀なくされた龍馬は、「大極丸」に乗り込む予定であった林謙三に、慶応三年十一月十日、計画実現の不調を悔やみつつなお目的達成の方法があればとその実現に執着する心を伝え、続けて翌日には、若い命が国内戦でむなしく消えていく現実を惜しみ、蝦夷地に送って将来の海軍に役立つ者を養成することが急務であると念を押している。龍馬の胸に三度目の蝦夷地移住の計画があったことを読みとることができる。しかしその四日後、龍馬自身が命を奪われてしまう。

北添佶磨

大極丸
（写真提供＝高知市文化振興事業団）

「北海道ですか、アレはずっと前から海援隊で開拓すると言っておりました。私も行くつもりで、北海道の言葉をいちいち手帳へ書きつけて稽古しておりました」（川田雪山聞書『千里駒後日譚』）と語るお龍の言葉にも龍馬の蝦夷地への情熱がうかがえる。

龍馬の蝦夷地への夢は実現をみずに終わったが、土佐には龍馬の意志を継いだ男たちがいた。龍馬と神戸海軍操練所や海援隊で活躍した龍馬の甥である高松太郎は、明治維新後に函館府権判事となり、府知事に蝦夷地開発の建白書を提出し龍馬の意志を継いだ。また坂本直寛や沢本楠弥は北見に、武市安哉や前田駒次らは浦臼にと、次々にその夢を結実させていった。

薩摩と龍馬

文久二年（一八六二）三月二十四日夜、坂本龍馬は土佐を脱藩した。檮原韮ケ峠より伊予路に入り下関に渡った龍馬は、白石正一郎を訪問したともいう。白石は廻船問屋であり薩摩との間も頻繁に往来する豪商で、尊攘の志をもち、薩長はじめ諸国の志士との交遊もあった。

文久二年と言えば、土佐では吉田東洋の暗殺、京都では島津久光の上京や寺田屋事件もあった。龍馬はこの頃揺れ動く尊攘の巷である京都には行かずその足跡はさだかではないが、九州をまわっていたともいう。龍馬は九州諸藩の情勢、なかでも尊攘派に期待されながら、その尊攘派とは一線を画そうとする薩摩の情勢を知りたかったのであろう。いやそれ以上に島津斉彬以来の開明政策や、反射炉はじめ新しい技術を見極めたかったのかもしれない。龍馬は薩摩「野間の関」まではたどり着いたが入国はかなわなかった。薩摩は他国人禁制の土地であり、特に尊王攘夷浪士との交渉は厳重に警戒された国であったからである。途中旅費に困り刀の柄前を売って金をつくり、刀の柄には手ぬぐいを巻いて歩いたというエピソードも残っている。

文久二年六月十一日、龍馬の姿は大坂にあった。

元治元年（一八六四）八月中旬、龍馬は勝海舟の使者として、京都で西郷隆盛と会った。勝海舟は龍馬からの「小さく叩けば小さく響き、大きく叩けば大きく響く鐘のような人物だ」という報告を受け、龍馬の人を見る目を高く評価した。

翌九月頃、勝海舟は西郷と会談するが、この時両者は幕府を倒すことで意気投合し、この席で閉鎖予定の神戸海軍操練所の龍馬ら塾生の身柄を西郷に預ける相談もした。西郷は新技術を持った集団を預かるメリットを考え、この案を家老の小松帯刀に諮り、小松も同調して長崎で「亀山社中」を経営させることに決した。

神戸海軍操練所閉鎖後、亀山社中が正式に開設されるまで、脱藩者となる龍馬や陸奥陽之助（宗光）らを薩摩は大坂薩摩屋敷にかくまうこととした。

亀山社中跡

薩長同盟

慶応元年（一八六五）四月（二十五日）龍馬は西郷や小松帯刀らに同行して、薩摩藩船で薩摩に向かうが、この旅が龍馬と西郷や小松らをいっそう近づけることになった。鹿児島到着後は西郷邸に入り、のち小松邸にも逗留する親交ぶりであった。この間薩長和解についても話し、薩摩は藩の意見をまとめ龍馬に斡旋を依頼した。五月には亀山社中も発足し、社中のメンバーに薩摩は三両二分を支給し、また練習船としてワイルウエフ号を提供するなど積極的援助を惜しまなかった。

薩長同盟の実現をめざす龍馬は、都落ちした三条実美ら五人の公卿を太宰府に訪ね、ねばり強く説得し、その足で桂小五郎を長州に訪ね同盟への足がかりをつかむ努力を続ける。そして六月二十九日、龍馬は京都薩摩藩邸で西郷と会し、長州藩のため艦船、武器弾薬購入の際の名義貸しを依頼する。これが実質的に薩長同盟のきっかけとなり、翌慶応二年（一八六六）一月二十二日（二十一日か）、龍馬の代表的業績と評価される薩長同盟の密約が成立する。しかしこの同盟成立直後の一月二十四日午前三時、伏見寺田屋宿泊中の龍馬は、伏見奉行所の捕り手に襲われる。お龍の機転で命は助かるが大怪我をし、西郷らの指示で出動した薩摩藩の小隊に護られ、伏見の薩摩藩邸に逃れ西郷の宿舎で傷の治療にあたることになった。龍馬への薩摩藩の配慮がうかがえる。

三月、龍馬は西郷や小松の招きで、傷の保養のため薩摩に向かった。この時お龍も同伴する。この旅が二人にとっては事実上の新婚旅行であり、これが日本最初の新婚旅行とも言われている。鹿児島では小松邸や吉井友実《ともざね》邸に逗留しながら、三月二十九日には吉井の案内でお龍とともに塩浸温泉や霧島に遊んでいる。

この頃龍馬は政治的な雄藩連合に加え、薩長の経済連携を五代友厚らと進める。商社の設立によって、西日本の経済動脈下関を押さえ、利益を得ようとするものであった。しかしその実現は不可能であった。

西郷隆盛、大久保利通らは薩摩、土佐、越前、宇和島の四藩主の会議を企画した。雄藩の連合による時局の収拾と、長州処分問題を有利に解決し、倒幕への主導権を四侯側に導こうとした。しかし会議は思いどおりには展開されず願いは叶えられなかった。西郷らは長州との連携を固め、武力倒幕への道を進むことになる。土佐藩でも薩摩へ急速に接近した小笠原唯八や反幕的立場の乾（のち板垣）退助や谷守部（干城）らの動きも活発になる。慶応三年五月二十一日、中岡慎太郎の周旋によって、薩摩の小松帯刀、西郷隆盛、吉井幸輔と土佐の乾退助、谷守部、毛利恭助らによる薩摩と土佐の会談が小松帯刀邸で行われた。この会談は武力による倒幕同盟をめざすものであり、ここで薩土密約が結ばれた。

船中八策

龍馬や後藤象二郎らの動きもある。慶応三年（一八六七）六月、龍馬は「船中八策」の構想を後藤象二郎に示した。政権は幕府から朝廷に奉還し、政令は朝廷からという王政復古を期待し、その後は議定局を設置して、公議による政治を行うことをのべたものであった。前土佐藩主山内容堂もこの策をよろこび、薩摩藩も積極的には反対しないとの諒解を得た。これは平和裏に政権の移動、いわゆる大政奉還による王政復古をめざすものである。「船中八策」はその案であり、龍馬のめざす新生の国家体制のあるべき姿を示したものである。

中岡慎太郎は先に武力倒幕同盟である薩土密約を周旋した。しかし龍馬や後藤の政権奉還、公議政体論を聞き、平和裏に政権が朝廷に返還されるならば、その考えに反対する理由はなかった。困難は承知の上で、慎太郎は龍馬とともに大政奉還路線で土佐と薩摩の同盟を周旋した。慶応三年六月二十二日、坂本龍馬、中岡慎太郎が同席して、薩摩と土佐において大政奉還が談合された。京都三本木の料亭である。土佐からは後藤象二郎、福岡孝弟、寺村左膳、真辺栄三郎、薩摩からは小松帯刀、西郷隆盛、大久保利通らである。ここに薩土盟約が結ばれた。

十月三日山内容堂は大政奉還建白書を幕府に提出した。

後藤象二郎
（高知県立歴史民俗資料館蔵）

十月十日、龍馬は福岡孝弟の紹介で幕府大目付永井尚志を訪ね、いま幕府の兵力は薩長軍に勝てるかと迫った。永井は勝てる見込みなしという。勝てないなら土佐の建白書を採用すべきと龍馬はつめよる。「後藤よりも一層高大にて、説く所もおもしろし」とは永井の龍馬評である。

新しい日本を説く龍馬の夢が、いま結ばれようとしている歴史の情景である。

龍馬と女性たち

「此龍女あれバこそ、龍馬の命ハたすかりたり」と、龍馬は寺田屋でのお龍の機転を讃えて姉乙女に手紙を送った。幕末混沌とした世を疾風のように駆け抜けた龍馬には、土佐に江戸、そして京都にも長崎にもかかわり深い女性たちがいた。

生みの親幸、そして育ての親伊与、母同然の心の姉千鶴、献身し悔いなかったとされる姉栄《えい》、龍馬のよき理解者であり、彼の心を独占した姉乙女、そして姪の春猪《はるい》、幼なじみで初恋の女性加尾、許婚者であり生涯を独身で過ごした千葉道場の娘佐那、そして妻の龍に寺田屋の女将登勢……。龍馬の生涯は短かったが、みな龍馬を支え、龍馬を彩った女性たちである。

坂本（八平《はちへい》）直足《なおたり》の妻幸は、雲龍奔馬が体内に飛び込んだ夢を見て男児を産んだ。龍馬である。長男権平の誕生から二十一年の歳月が流れた三十八歳の身であった。この母幸が「泣き虫、洟垂れ、よだれ垂れ」の龍馬を残して死んだのは龍馬が十二歳の時であった。

継母伊与は厳格な「武家的しつけ」で龍馬に迫ったという。人目には継母いじめに見えたこともあったろうが、成長期の龍馬にとっては、三歳年上の姉乙女《おとめ》以上にその感化は大きかったはずである。

姉と姪

龍馬には三人の姉がいた。長姉千鶴は、安田の高松順蔵のもとに嫁いだ。龍馬も時々姉夫婦の邸を訪れたようである。のんびりと縁側から見える太平洋を眺めたこともあったであろう。「ちょうど私にはお国ニ手安田順蔵さんのうちニおるようなこころもちニおり候」と、心地のよい伏見寺田屋の生活を乙女やおやべに書いてよこした手紙からもうかがうことができる。また千鶴から龍馬にお守りを送ったことが知れる手紙もあり、千鶴は龍馬にとって母同然の慈愛に満ちた温かい心の姉であったことがうかがえる。

千鶴は順蔵との間に二男一女をもうけた。明治になって龍馬の跡目を継ぎ、坂本直と改名した高松太郎、そして兄権平の養子となった坂本直寛の母でもある。

次姉の栄は龍馬の心を知り、脱藩の弟に名刀を渡し、大志を励まし、自らはその責を負い自害するという献身して悔いなかった姉とされてきた。しかしなぜか龍馬には自分のために犠牲となったとされる姉栄への言葉がない。いまに残された手紙の中にも栄にかかわる文面はない。心優しい龍馬であったはずであるのに……また坂本家に伝来されてきた栄の密葬の場所からは、栄らしい遺骸が発見されたと伝えられるが、一方においては「柴田作衛門妻　八平女」と刻された墓石も発見されている。墓石の没年は「弘化」とある。それが真実なら龍馬脱藩の時、栄はすでに死亡していた。生と死が交錯する謎の姉と言わざるを得ない。

三歳年上の姉乙女は、「若い時、親に死に別れてからは、乙女姉さんの世話になって成長したので、親の恩より姉さんの恩が太い」(『千里駒後日譚』)と龍馬は慕い、乙女もまた龍馬のよき心の理解者であった。乙女宛の手紙は連名のものも含めると一八通残り、他に比べ群を抜く事実がそれを物語る。またその手紙こそ龍馬飛騰の軌跡を残し、龍馬の活動の歴史的動向や人間龍馬のさまざまな部分の赤裸々な証言となって残っている。いまも「精神の肉声」と司馬遼太郎は言い、楢橋忠男には「書簡文学として近世の白眉」だと称されて輝いている。晩年は奔走する龍馬に憧れたであろうか出奔の野望をもちかけ、弟を困らせた姉ではあったが、乙女もまた「土佐になあだたぬ女」(「土佐には入りきらない女)であり「乙女あればこそ」龍馬の動きや、また人間龍馬も鮮やかに浮き彫りとなって残っている。

心優し龍馬の人間性は、愛姪である春猪《はるい》への文にもあふれている。「あばた顔の君」「ふぐの春猪」と気兼ねもなく書き、長崎滞在の龍馬が「外国のおしろい

乙女
(写真提供＝高知市文化振興事業団)

と申すもの」を送ったことや、カンザシをねだられた龍馬が、ほしいカンザシの絵でも描いてよこしなさい、望みどおりの物を送るからというような、優しい叔父龍馬の人なりがにじむ手紙も残っている。

愛した女性たち

龍馬には加尾という初恋の土佐の女性がいた。同志平井収二郎の妹であり美人のほまれたかく幼なじみだった。京都で奉公中の彼女に、男装させて勤王運動への協力でも期待するかのような不思議な手紙を送っている。加尾もまた大胆不敵にも龍馬の要求を受け入れ、万端準備して上京する龍馬を待ったという。晩年加尾は「再び龍馬に対面する期なく止みしは、女子一生遺憾に思う所」（『涙痕録』）と回想している。幼なじみ以上の憧憬の念を抱いて龍馬を待った加尾の心が察せられる。

「私は龍馬の許婚者でした」と、ひたすら帰らぬ龍馬を待ち続けた女性もいた。千葉道場の娘佐那である。「此のひとはおさなというなり。馬によくのり剣も余程手づよく、長刀も出来、力ハなみの男よりつよく、たとへバうちにむかしをり候ぎんという女の力料も御座候べし。かほかたち平井（加尾）より少しよし」。龍馬は恋仲になった佐那を乙女に手紙でこう紹介した。龍馬のために一橋公の手紙を盗み出すほどの女性であり、「天下静定の後を待って華燭の典を挙げ」ることになっていたが、時代がそれを許さずに終わった。「夫婦終生花曇月夕の歓をともにする期なかりしなり。悲しむべきかな」（『女学雑誌』）という佐那の心は、いま甲府市清運寺境内の墓石に刻まれた「坂本龍馬室」の文字だけがその心にふれて慰めているかのようである。

寺田屋で捕吏からの危機を救った龍は妻となった。龍馬は「まことに妙な女」であり「おもしろき女」と結ばれた。寺田屋での負傷治癒のため、西郷隆盛のすすめで二人は鹿児島に長期温泉旅行に出向いた。日本最初の新婚旅行と人口に膾炙する。個性強く勝ち気でしたたかな男勝りで、善悪の判定に困る雰囲気をもった女性であったろうか。龍の印象を佐々木高行は「同人妻は有名ナル美人ノ事ナレ共、賢婦人ヤ否ハ知らず、善悪ニ為シ兼ぬる様ニ被思タリ」（『保古飛呂比』）と記している。非業の死は龍馬を英雄視させた。その陰で西村ツルとして大酒に気をまぎらせ、「龍馬の妻だった」と叫びつつ生涯を精一杯に生き抜いた女性であった。

助けた女性たち

龍馬は登勢を「おかあ」と呼んだ。薩摩の西郷隆盛に頼まれ龍馬をかくまうことになって以来、龍馬の活動を陰で支えた女性となった。勝海舟も登勢には一目おき、龍馬も「学問のある女、尤《もっとも》な人物なり」と讃えて頼っている。薩摩藩の定宿でもあり、志士たちの出入りも激しく維新史の中では欠かせぬ寺田屋である。「わが母ながら義侠心にとんだ女」というのは登勢の娘殿井が母を評する言葉で

龍
（土居晴夫氏蔵）

新婚の旅の碑

湯治の碑

登勢
（高知県立歴史民俗資料館蔵）

ある。

龍馬が恩恵を受けた女性は長崎にもいた。大浦慶である。長崎油屋町の富商として名声高い女性である。龍馬とはイギリスの武器商人グラバーをはさんでの出会いであったという。陸奥陽之助を担保に三〇〇両の借金を頼んだ。男勝りの俠気は志士たちと共鳴するものがあって、「お慶屋敷」は龍馬ら亀山社中の若者の秘密の拠点でもあり「肝ふとかお慶さん」と親しまれ、経済的援助も惜しまなかったという。

青年志士と遊女との関係もまた深い。ある時は傷つく志士を手当てしてかくまい、情報の提供も、また連絡の役を果たすこともあった。国家の大業を目指す志士たちの心意気は、彼女たちには魅力的であったろう。龍馬には丸山の名花お元がおり、また錦路も龍馬を慕っていたという。

人気者龍馬には伝説的な噂の女性も多い。幼くして中村小町、美人のお徳と評判の高かった女性にも結婚を申し込んだという。お徳は十三歳の時に中村から高知城下の秦泉寺に移った。城下でも美人の評判は高く、若侍が二〇～三〇人は毎晩押しかけていたという。その中に龍馬もいたようである。龍馬は「嫁にもらいたい」と申し入れたが、「龍馬さんは土佐に居つく人ではない」と龍馬の懇望を断ったと伝えられる。

須磨という名の女性もいた。「嫁にもらいうけたい、この願い叶わねば切腹いたす」とつめよられ、「龍馬っていやな男」と述懐していたと伝えられる。また浅草蔵前通りのお蝶の名も、龍馬の周辺でちらついている。

龍馬の愛した女性、龍馬に愛を燃やし続けた女性……ある女性は正面から、またある女性は陰で龍馬を支えてきた。激動する時勢のなかを激しく駆け抜けた龍馬であれば、またその女性たちもその中を大急ぎで駆け抜けていった。

龍馬最後の船路

海は龍馬の仕事場であった。脱藩から暗殺されるまでの五年間、二万一千キロの龍馬の海の軌跡がそれを物語る。

慶応三年(一八六七)九月二十四日、龍馬は震天丸に千挺のライフル銃を積んで浦戸湾に入った。龍馬は脱藩後二度目の帰郷であった。二カ月前、イギリス船イカルス号水夫殺害事件の嫌疑が海援隊にかけられた。イギリス公使パークスは、その責任を問うべく土佐藩との談判交渉にのぞんだ。舞台は須崎湾である。龍馬も期せずして須崎湾まで来ていたが、そのときは藩船夕顔丸の船中に潜んだままであった。

思わぬ国際問題となったイカルス号水夫殺害事件は、龍馬にとっては大政奉還運動を一時中断させる羽目となり、その間彼の胸中は不安と焦燥の渦巻く時であ

須崎砲台跡

った。長州木戸孝允は龍馬の案に不安をもち、薩摩は倒幕に戦備を整え、陸援隊長中岡慎太郎も薩長の動きに先駆けようとの態勢であったからである。新しい日本建設に戦だけはくい止めなければならない。だが万一、大政奉還の建白が不調なら、薩長への面目にかけても土佐藩の武力強化が必要であった。龍馬は土佐藩に銃を買い取らせ、和戦両用の姿勢で大政奉還論に藩論をまとめあげねばならなかった。

脱藩後初めて踏んだ故郷の地は、浦戸「沿岸種崎に上陸し、一民家に投宿」という。司馬遼太郎は「桂浜に着き、松林の中の漁師の営む旅館にいり、焼魚で晩飯を」と楽しく読ませている。当時種崎、浦戸、御畳瀬の海域は、土佐藩海軍の根拠地であり、特に仁井田、種崎付近には広い御船倉があった。「土佐藩御船倉図」などにも、菱垣に囲まれたなかに、多くの御船倉をはじめとする建物が軒を並べる様子が描かれている。仁井田神社にかかる藩船夕顔丸の絵馬にも、「夕顔丸運用方　奉掛」と有り、仁井田神社も御船倉と関係の深かったことを物語る。

龍馬は幼い頃姉乙女と種崎の継母伊与の里である川島家に、浦戸湾を船でよく遊びに来たという。川島家は藩御船倉の御用商人であり、安政の地震後仁井田の現在地に移転するまでは種崎であった。その四、五軒東に隣していたという中城家は当時の位置そのままに現存する。いまも大廻船御頭《おおかいせんおんかしら》だった家柄の雰囲気をそのままに残している。中城家は龍馬にとっては幼い頃からなじみ深い家であっ

浦戸湾

たろう。この家に残る『随聞随録』には、龍馬来宅の様子がつぶさに記されているという。佐幕派の目が光る高知城下を、龍馬らは自由な行動はできない。いったんはこうして種崎の中城家に身を潜めたのである。

龍馬に同行したのは岡内俊太郎と中島作太郎であった。岡内は長崎在住の大目付佐々木三四郎の随員であり、土佐藩上士の勤王派参政渡辺弥久馬や、大監察の本山只一郎に働きかけ、龍馬の活動を援助することを目的に、佐々木が同行させた人物である。龍馬からの書簡で、渡辺や本山は切迫した状況に驚いた。龍馬との交渉は、早速に松ケ鼻の茶店を皮切りに、浦戸湾岸の吸江寺や、下田川畔の半船楼などで繰り返された。松ケ鼻は高知城下への東の入り口で番所もあり、松並木が続く船着場であった。吸江寺は夢窓国師開祖の名刹で寺には会談の記録はないが、本山只一郎の書簡にその記録が残されている。渡辺弥久馬の邸は大川筋、中の橋を渡って江の口川に面していた。邸裏の江の口川から船で龍馬らとの会談に臨んだという。

現在の五台山小学校前の下田川に架かる橋は「百々軒橋」である。ここは五台山竹林寺への参道入口にあたり、当時は多くの商家などが軒を並べた名残の橋名であろう。宿屋も料亭も二軒あり、半船楼はその料亭の一軒だという。土佐勤王党の謀議もしばしばこの半船楼で行われたこともあったと聞いた。そういえば下田川上流の吹井は武市瑞山の生地である。

九月二十七日、土佐藩では山内容堂、山内豊範以下藩の要人がすべて集まり、銃の買い取りばかりでなく、大政奉還への藩論もまとめあげた。龍馬は十月一日、震天丸で浦戸を出港する。

出港に先立って、一夜龍馬は五年ぶりに兄権平や姉乙女の待つ上町の生家に足を運んだ。久しぶりの対面の喜びの盃を交わしたが、それが訣別の盃ともなった。龍馬が暗殺の刃に果てたのは四十五日後の十一月十五日であった。この故郷への船旅が龍馬最後の船旅となるとは、龍馬も予想し得ぬことであった。

これも土佐

影武者六人衆

山内入国に抵抗した一領具足たちの多くは痛恨の思いを残して死んでいった。その霊を慰めるかのように高知市浦戸の土佐湾に面し石丸神社と六体地蔵が建っている。土井晩翠は「忠魂不滅」の詩を詠じて霊を弔い、福本日南は「土佐はよい処浦戸の浜にゃ　一領具足の香が残る」と詠じ懐かしんだ。

山内氏は大高坂山に新城を築き、人心を一新しその権威を示さねばならなかった。一豊は速やかな完成を督促し、隔日に激励と進捗状況の視察に浦戸城から馬に乗り大高坂に出かけたという。この間一豊の身辺警護は怠れなかった。浦戸一揆で討ちのがし、あるいは逃げ隠れしている長宗我部遺臣たちの襲撃に備えねばならなかった。宇津野山越えや工事現場はことのほか厳重であった。一豊は巡見笠をつけ面頬をあて袖なし羽織の姿であった。随行した市川大炊、野中玄蕃、柏原半右衛門、乾七郎右衛門、乾伊助ら五人も一豊と同じ服装である。影武者「六人衆」ということである。

途中西孕の家臣志賀勝政の家で休息した。そのたびにぼた餅を所望したという。志賀家でもたびたびの催促は迷惑千万「御座る度々ぼた餅つかぬ　茄子漬け食ってお茶参れ」とその鬱憤を晴らしたという。

慶長八年八月一豊は入城した。先陣・二陣・後陣、そして旗奉行が従い、いかめしく武装した武士が馬に乗って左右を固め、堂々の行進で入城したという。

土佐の「おきゃく」と箸拳

土佐では人を招き酒盛りすることを「おきゃく」という。「おきゃく」の最高のもてなしは飲みつぶれるまで飲ませることである。さされた盃を断れば「俺の杯が飲めんがか」と怒られる。時には口論にもなるが、これも「おきゃく」にはつきもの和やかな酒盛りの光景でもある。

この「おきゃく」にかがせない余興が箸拳である。相手の手の中の箸の数と、自分の持っている箸の数を足し合わせるだけの単純な遊びだが奥は意外と深い。それぞれ三本ずつ左手に持ち、右手で何本か引きだしてあてあうわけだが、この時相手に箸が見えないようにするのは当然のこと。主人と客が打つとなれば、主人は三本のうち何本か（三本、二本、一本、空拳の四通り）を持って「いらっしゃい」とか「これ来い」と威勢よく出す。客は相手の持っているであろう本数を読み、双方足して三本になるよう出さねばならない。主人が二本持っていると思へば自分は一本出して「三本」あるいは「三本みっつ」と負けじと威勢よく出す。主人は客の本数を読み、自分が準備している数と足し合わせた数を言う。但しこの時主人は一か五しか言えない。双方同時に箸を見せ合い、言い当てた方が勝ちとなる。

先ずは本場土佐で試してもらいたい。

エピローグ

新政から近代化への胎動

明治二年（一八六九）薩長土肥四藩を先頭に版籍奉還が行われ、土佐藩は高知藩と改められ、二年後廃藩置県によって高知県となった。

明治新政府は「近代化」を国策に諸政策を打ち出し中央集権を進めた。また財政基礎を固めるために地租改正も行った。

こうした急激な変革が農民たちに与えた影響は大きかった。全国各地で農民一揆が多発したが高知県も例外ではなかった。明治三年には、幡多郡蕨岡村の六平と利岡村の与平太は、永代売りして失っていた耕作地の買い戻しを計画したが果たせず、隣村にも呼びかけ大勢で訴えようと数十人を集めたが、計画が露見し徒党一揆の首謀者として処刑された。幡多郡十川村でも物価騰貴による生活苦から、百姓菊太郎と弁吾は年貢の引き下げを請願しようと一揆を用意し嘆願書を作っていたが、企てが露見し二人は打ち首獄門の罰に処せられた。こうした経済問題が原因の農民一揆の他に知藩事が旧地を離れることや、身分差別撤廃への不平や、外人雇用への反発、あるいは明治六年布告の徴兵令への反対など、新政への反抗もみられた。吾川郡池川郷の竹本長十郎が惣大将平兵部輔を名乗って先頭に立った膏取騒動や、土佐郡森郷の山中陣馬が数千の農民の先頭に立っての一揆、幡多郡川登村の西村米太郎・楠義太郎のもとに五三〇人の農民が集まった一揆など、新政への反抗は農村の不安と動揺のあらわれであった。

明治七年の板垣退助らによる民撰議院設立建白書は世論の反響を呼び、国会開設をめざす自由民権運動は全国に広がった。

高知の立志社は運動の先頭に立ち、明治十四年には東京で自由党が、翌年高知でも海南自由党が結成された。やがて政府の弾圧などのため運動は後退するが、明治二十年、三大事件建白には多くの土佐人が参加した。高知の城下をはじめ県下全域から、民権運動家だけでなく公務員、商工業者、地主、小作人、それに女性も加わっての最大規模の民権運動として盛り上がった。保安条例で退去を命じられた五七〇余人のうち半数が高知県人で、一六人は退去を拒否して即日逮捕投獄された。またいったん横浜まで退去した安芸喜代香や横山又吉ら五人は「国家まさに滅亡せんとす。之を傍観座視するに忍びず、寧ろ法律の罪人たるも退きて亡国の民能わず」と退去の過ちを悟り東京に引き返し投獄された者もいる。高知県人のこの運動に対する熱意がうかがえ面目躍如たるものがある。

こうした土佐の自由民権理論は多くの理論家によって一層高められた。中江兆民、馬場辰猪、坂本南海男、植木枝盛、小野梓などが活躍し、少し遅れるが田岡嶺雲も幸徳秋水もいる。日本最初の近代民主主義運動である自由民権運動に高知県人の果たした役割は極めて大きいものがあった。

政府は明治二十二年には大日本帝国憲法を公布、翌年には総選挙が行われ、帝国議会が開設され近代への歴史は大きく回転していく。

あとがき

二百七十年の土佐藩の歴史を短期間でおうのは困難な作業である。ましてや近世専門史でない者にとっては冒険である。現代書館の菊地泰博社長の何回かの押しに屈してしまった。

過去高等学校の教員時代から、「地域史（資）料の研究とその教材化」をテーマに「自分の足下の歴史から、すべては郷土を知ることから始まる」を念頭に地域（郷土）の歴史、高知県の歴史を語ることを忘れることはなかった。特に教員時代の中で八年間埋蔵文化財の発掘調査に携わった。この経験は地方史を研究しそれを語る上で計り知れない貴重な経験となった。

定年退職後、坂本龍馬記念館で学芸専門員として、幕末と坂本龍馬に関する企画展、また土佐女子短期大学での高知県の歴史の講義は、それまでの自分がテーマとしてきたことの総括でもあった。高知県立歴史民俗資料館でも、館の認知度向上のため、請われれば各種カルチャー教室や生涯学習の場でいろいろのテーマで高知県の歴史を語り続けた。本書はこうした過去に残していたメモを基本に組み立てたものである。したがって藩政という歴史の流れを常に意識して記述したものでもなく、藩政史の流れの理解には適切でないことはご寛容に願いたい。内容は先学の業績に頼りつつ、できるだけ読みやすく理解しやすいものにと心がけた。

近年若い方々の歴史への関心が高まっている。特に戦国武将の人気は高い。関心を高めた動機は人気ゲームのキャラクターと聞いている。しかし動機はなんであろうと、そのことに興味を持ち感動すれば好奇心はかき立てられ、知識獲得への要求が増してくる。それが新鮮な出会いであるほど生きた知識となって応用へとつながり研究も深化してくる。私の勤務する高知県立歴史民俗資料館は戦国武将長宗我部元親の居城、岡豊城跡に建っている。そこを訪ねる若い人たちは多く、彼らの熱心な研究姿勢は素晴らしい。積極的で行動力にも富み、触れあう地域の方々に与える影響も大きい。若い人たちの多岐にわたる研究と行動力による成果は、今後各方面で有効活用できる要素となると確信し、大いに期待を寄せている。

国際社会とか国際交流という言葉を聞くようになってから久しい。外国を知り、外国の人たちと交わるのも重要かもしれない。しかしその根本は自分の生活する場「郷土を知る」ことに始まる。郷土を知らずして外国の人との交流は成り立つまい。郷土の歴史を知り、そこに育まれた文化遺産や文化を知ってこそ人々との絆も培われ交流の輪も拡大する。その意味からも地方研究の重要度は極めて高いものである。拙稿がそうしたことへの一助にもなれば無上の喜びである。

最後に本書をなすにあたっていただいた先学の学恩に、またご協力いただいた関係機関や多くの方々、なかでも菊地社長をはじめ現代書館のスタッフの方々には多大のご迷惑をおかけしました。心からの謝意とお詫びを申しあげたい。

宅間一之

二〇一〇年　みどりの日

参考文献

高知県『高知県史近世編』（高知県、一九六八）
高知県『高知県史近代編』（高知県、一九七〇）
高知県『高知県史古代中世編』（高知県、一九七一）
高知県『高知県史要全』（高知県、一九七三）
山本大『高知県の歴史』（山川出版社、一九六九）
荻慎一郎他『高知県の歴史』（山川出版社、二〇〇一）
平尾道雄『土佐藩』（吉川弘文館、一九六五）
秋沢繁他『土佐と南海道』（吉川弘文館、二〇〇六）
重松実男『稿本高知市史』（高知市、一九五七）
高知市史編纂委員会『高知市史上巻』（高知市、一九五八）
土佐山田町史編纂委員会『土佐山田町史』（土佐山田教育委員会、一九七九）
南国市史編纂委員会『南国市史』（南国市、一九八二）
春野町史編纂委員会『春野町史』（一九七六）春野町
宿毛市史編纂委員会『宿毛町市史』（宿毛市教育委員会、一九七七）
山本大『図説高知県の歴史』（河出書房新社、一九九一）
山本大他『高知県の百年』（山川出版社、一八八七）
高知県『高知藩教育沿革取調』（土佐史談会、一九八六）
山本大他『高知県の教育史』（思文閣出版、一九九〇）
山本大『長宗我部元親』（吉川弘文館、一九六〇）
横川末吉『野中兼山』（吉川弘文館、一九六二）
平尾道雄『吉田東洋』（吉川弘文館、一九五九）
日高村教育委員会『維新の先駆者　北添佶磨』（日高村教育委員会、一九七三）
依光貫之『野中兼山・婉女そして土佐山田』（土佐山田町教育委員会、二〇〇〇）
宇田友猪『板垣退助君傳記』（原書房、二〇一〇）
山原健二郎『一揆の系譜』（四国写植、一九九一）
土佐山田町『山田堰』（土佐山田町、一九八四）
宿毛市教育委員会『河戸堰』（宿毛市教育委員会、一九九六）
春野町教育委員会『唐戸』（春野町教育委員会、一九八七）
平尾道雄『土佐百年史話民権運動への道』（浪速社、一九六八）
松山秀美『放送土佐史談』（ＲＫＣ高知放送、一九六八）
平尾道雄『土佐　その風土と史話』（高知県、一九七三）
安芸市歴史民俗資料館『絵図の世界』（安芸市歴史民俗資料館、一九九八）
高知県立歴史民俗資料館『近世土佐の砲術史』（高知県立歴史民俗資料館、二〇〇〇）
高知県立歴史民俗資料館『鯨の郷・土佐』（高知県立歴史民俗資料館、一九九二）
土佐山内家宝物資料館『将軍と大名』（土佐山内家宝物資料館、二〇〇〇）
土佐山内家宝物資料館『近世大名の誕生』（土佐山内家宝物資料館、二〇〇一）
高知県立歴史民俗資料館『特別展　坂本龍馬』（高知県立歴史民俗資料館、一九九四）
高知城築城四〇〇年記念事業推進協議会『高知城下町読本』（高知城築城四〇〇年記念事業推進協議会、二〇〇一）

協力者

土佐山内家宝物資料館／高知県立歴史民資料館／安芸市民俗資料館／高知県立図書館／高知市民図書館／高知市文化振興事業団／高知県観光コンベンション協会／絵金蔵／ハルノ四郷人／高知県酒造組合

宅間一之（たくま・かずゆき）

一九三五年高知市春野町生まれ。高知大学教育学部卒業。

高知県内公立高等学校教諭、土佐女子短期大学教授。高知県立歴史民俗資料館館長。

『高知県歴史散歩』『高知南国散歩24』（山川出版社）、『春野　歴史の百景』（芳原まちづくり協議会）。

シリーズ藩物語　**土佐藩**

二〇一〇年六月十日　第一版第一刷発行

著者――宅間一之
発行者――菊地泰博
発行所――株式会社　現代書館
東京都千代田区飯田橋三―二―五　郵便番号１０２―００７２　http://www.gendaishokan.co.jp/
電話０３―３２２１―１３２１　ＦＡＸ０３―３２６２―５９０６　振替００１２０―３―８３７２５
組版――デザイン・編集室エディット
装丁――中山銀士＋杉山健慈
印刷――平河工業社（本文）東光印刷所（カバー、表紙・扉、見返し、帯）
製本――越後堂製本
編集協力――黒澤　務
校正協力――岩田純子

 ISBN978-4-7684-7121-0

江戸末期の各藩

松前、八戸、七戸、黒石、**弘前**、**盛岡**、**一関**、秋田、亀田、本荘、秋田新田、仙台、松山、**新庄**、**庄内**、天童、長瀞、**山形**、上山、**米沢**、米沢新田、相馬、福島、**二本松**、三春、**会津**、守山、棚倉、平、湯長谷、泉、**村上**、黒川、三日市、**新発田**、村松、三根山、与板、**長岡**、椎谷、**高田**、糸魚川、松岡、笠間、宍戸、水戸、下館、結城、古河、下妻、府中、土浦、麻生、谷田部、牛久、大田原、黒羽、烏山、高徳、喜連川、宇都宮、壬生、吹上、**足利**、佐野、関宿、高岡、佐倉、小見川、多古、一宮、生実、鶴牧、久留里、大多喜、請西、飯野、佐貫、勝山、館山、岩槻、忍、岡部、川越、沼田、前橋、伊勢崎、館林、高崎、吉井、小幡、安中、七日市、飯山、須坂、松代、上田、**小諸**、岩村田、田野口、**松本**、諏訪、**高遠**、飯田、金沢、荻野山中、小田原、沼津、小島、田中、掛川、相良、横須賀、浜松、富山、加賀、大聖寺、郡上、高富、苗木、岩村、加納、大垣、高須、今尾、犬山、挙母、岡崎、西大平、西尾、吉田、田原、大垣新田、尾張、刈谷、西端、長島、**桑名**、神戸、菰野、亀山、津、久居、鳥羽、宮川、彦根、大溝、山上、西大路、三上、膳所、水口、丸岡、勝山、大野、福井、鯖江、敦賀、小浜、淀、新宮、田辺、紀州、峯山、宮津、田辺、綾部、山家、園部、亀山、福知山、柳生、柳本、芝村、郡山、小泉、櫛羅、高取、高槻、麻田、丹南、狭山、岸和田、伯太、豊岡、出石、柏原、篠山、尼崎、三田、三草、明石、小野、姫路、林田、安志、龍野、山崎、三日月、赤穂、鳥取、若桜、鹿野、津山、勝山、新見、岡山、庭瀬、足守、岡田、岡山新田、浅尾、松山、鴨方、福山、広島、広島新田、高松、丸亀、多度津、西条、小松、今治、松山、新谷、大洲、吉田、宇和島、徳島、**土佐**、土佐新田、松江、広瀬、母里、浜田、津和野、岩国、徳山、長州、長府、清末、小倉、小倉新田、福岡、秋月、**久留米**、柳河、三池、蓮池、唐津、佐賀、小城、鹿島、大村、島原、平戸、平戸新田、中津、杵築、日出、府内、臼杵、**佐伯**、森、岡、熊本、熊本新田、宇土、人吉、延岡、高鍋、佐土原、飫肥、薩摩、対馬、五島（各藩名は版籍奉還時を基準とし、藩主家名ではなく、地名で統一した）

★太字は既刊

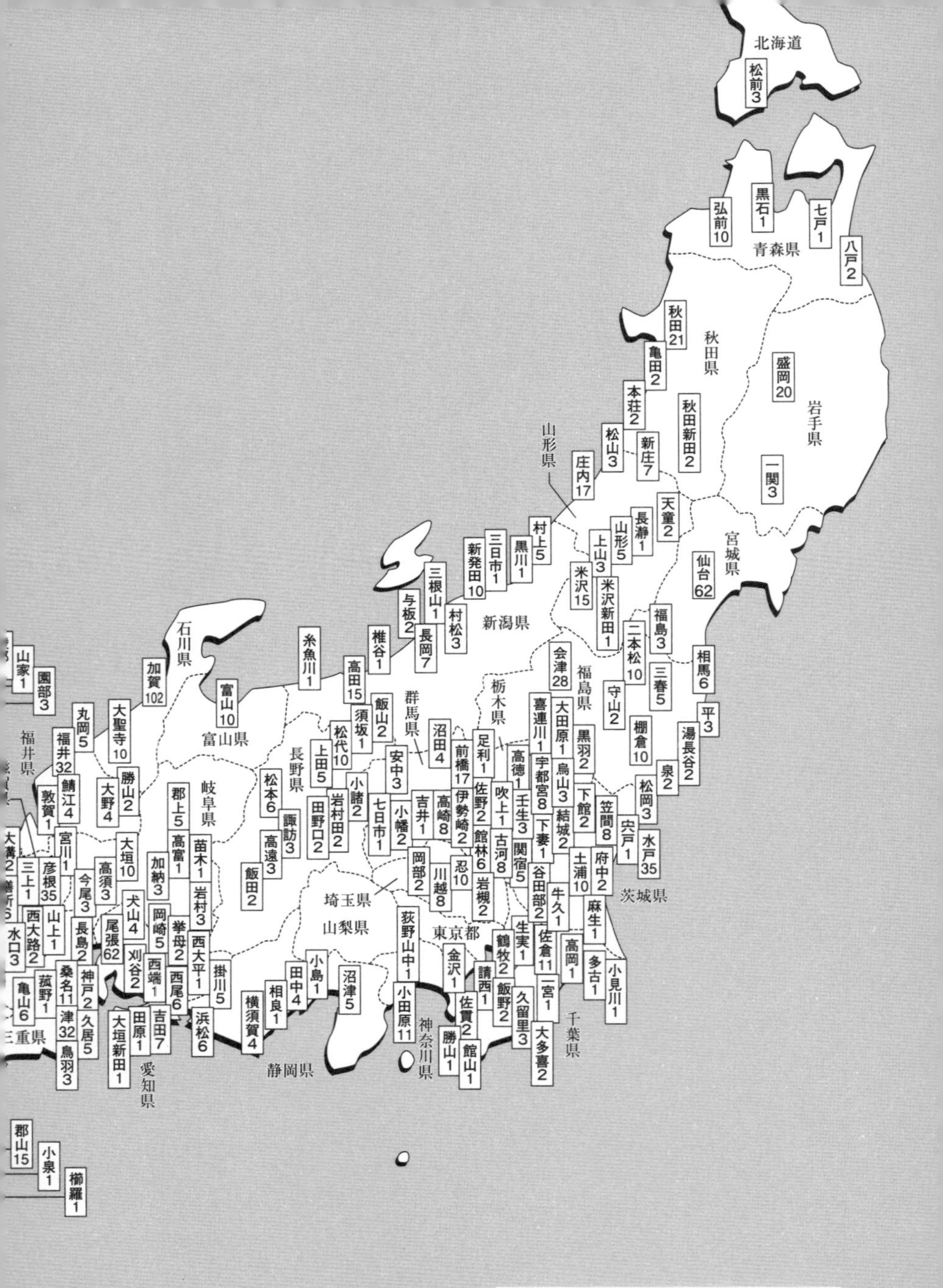

江戸末期の各藩
（数字は万石。万石以下は四捨五入）